O Deus da Idade Média

Jacques Le Goff

O Deus da Idade Média

Conversas com Jean-Luc Pouthier

7ª edição

TRADUÇÃO DE
Marcos de Castro

CIVILIZAÇÃO BRASILEIRA

Rio de Janeiro
2025

COPYRIGHT © Bayard, 2003
COPYRIGHT DA TRADUÇÃO © Civilização brasileira, 2007

TÍTULO ORIGINAL
Le Dieu du Moyen Age

CAPA
Evelyn Grumach

PROJETO GRÁFICO
Evelyn Grumach e João de Souza Leite
CIP-BRASIL. CATALOGAÇÃO-NA-FONTE
SINDICATO NACIONAL DOS EDITORES DE LIVROS, RJ.

	Le Goff, Jacques, 1924-2014
L528d	O Deus da Idade Média/Jacques Le Goff; conversas com Jean-Luc
7ª ed.	Pouthier; tradução de Marcos de Castro. – 7ª ed. – Rio de Janeiro: Civilização Brasileira, 2025.

Tradução de: *Le Dieu du Moyen Age*
Inclui bibliografia
ISBN 978-85-200-0697-9

1. Le Goff, Jacques, 1924-2014 – Entrevistas. 2. Idade Média – História. 3. Historiadores – França – Entrevistas. I. Pouthier, Jean-Luc. II. Título.

06-2431

CDD – 909.7
CDU – 94(4)"0375/1492"

Todos os direitos reservados. Proibida a reprodução, armazenamento ou transmissão de partes deste livro, através de quaisquer meios, sem prévia autorização por escrito.

Direitos desta tradução adquiridos pela
EDITORA CIVILIZAÇÃO BRASILEIRA
Um selo da
JOSÉ OLYMPIO EDITORA
Rua Argentina, 171 – 20921-380 – Rio de Janeiro, RJ – Tel.: (21) 2585-2000

Seja um leitor preferencial Record
Cadastre-se em www.record.com.br e receba informações sobre nossos lançamentos e nossas promoções.

Atendimento e venda direta ao leitor:
sac@record.com.br

Impresso no Brasil
2025

Sumário

Introdução: Deus, assunto de história *7*

1. De que Deus se trata? *15*

2. Duas figuras maiores, o Espírito Santo
   e a Virgem Maria *41*

3. A sociedade medieval e Deus *63*

4. Deus na cultura medieval *85*

Conclusão *115*

Bibliografia *123*

Introdução

Deus,
assunto de história

O objeto destas conversas é a concepção de Deus no Ocidente medieval. As religiões se voltam, de um modo geral, para pessoas sagradas, ou mesmo divinas. Uma grande virada na história da humanidade foi a substituição do culto de uma pluralidade, senão de uma multidão de deuses no paganismo antigo (ainda que uma concepção unitária da divindade procurasse emergir mesmo neste caso), pela crença em um só Deus. Não se trata aqui de evocar a religião no conjunto do cristianismo medieval — sobre isso existe uma rica bibliografia. Deus, sim, é o assunto que nos interessa, é o assunto que abordamos, é a nossa busca.

Diferentemente de Javé e de Alá, que o judaísmo e o islam* protegeram de qualquer figuração, o Deus dos cristãos pode ser representado. O Ocidente medieval conheceu conflitos em torno do iconoclasmo, conflitos que entretanto não chegaram à gravidade atingida no cristianismo ortodoxo grego em Bizâncio. Mas, para ver o Deus dos cristãos, não basta afirmar que ele pode ser representado. Convém ainda atentar para o importante fato de que ele foi concebido e representado como uma pessoa humana. O Deus dos cristãos é antropomórfico e sua "antropomorfização" se fez, essencialmente, durante o período medieval.

A imagem de Deus não se liga apenas à iconografia. Também está no centro da teologia, da liturgia, da espiritualidade, da devoção. Como os homens e as mulheres da Idade Média imaginavam Deus? Que relacionamento mantinham com ele? Este é o assunto, a um tempo muito amplo e muito preciso, destas conversas.

---

*Sobre a grafia da palavra islam, deixamos uma observação para o fim: está no penúltimo parágrafo do texto da "Conclusão". *(N. do T.)*

DEUS, ASSUNTO DE HISTÓRIA

A imagem de Deus numa sociedade depende sem dúvida da natureza e do lugar de quem imagina Deus. Existe um Deus dos clérigos e um Deus dos leigos; um Deus dos monges e um Deus dos seculares; um Deus dos poderosos e um Deus dos humildes; um Deus dos pobres e um Deus dos ricos. Tentamos apreender esses diferentes "Deus" em torno de alguns dados essenciais: o Deus da Igreja, Deus da religião oficial; o Deus das práticas, que na Idade Média são fundamentalmente religiosas, antes que emerjam aspectos profanos. São os dogmas, as crenças, as práticas que nos interessam, na medida em que definem e deixam entrever a atitude dos homens e das mulheres da Idade Média em relação a Deus.

No decorrer desta reflexão e desta busca, teremos a surpresa de descobrir que, entre as realidades que nos mostram os textos, os rituais, as imagens e a prática social e devocional, foi possível vislumbrar — de todo modo, é a hipótese que aventamos aqui — um certo desencontro, para dizer o mínimo, entre o monoteísmo oficial e formas de politeísmo. Como se o cristianismo medieval tivesse realizado

O DEUS DA IDADE MÉDIA

com Deus um milagre suplementar... O Deus concreto dos homens e das mulheres da Idade Média foi ora o Deus Pai, ora o Deus Filho, ora o Espírito Santo. Acrescentamos a isso o que consideramos um dos grandes acontecimentos da história medieval: a introdução — na Trindade, ou ao lado dela — de uma pessoa feminina, a Virgem Maria. Durante nossa investigação, um fato se tornou cada vez mais forte, um fato que sem dúvida teria escandalizado a Igreja e os cristãos do século passado, e que ainda surpreenderá sem dúvida certos cristãos de hoje: as imagens de Deus mudam com o correr do tempo. Não falamos somente da moda iconográfica. Que um Cristo imberbe suceda a um Cristo barbado, ou o contrário, é definitivamente um detalhe. Mas que Deus apareça sobretudo sentado, sobre um trono, "como majestade", segundo a expressão consagrada, ou que seja mostrada mais habitualmente a imagem de Jesus sofredor crucificado do que o cadáver de Jesus descido da Cruz estendido sobre os joelhos de sua Mãe, ou mesmo o Deus Pai, isso tem uma significação profunda, e leva a considerar as relações entre o Deus do dogma e o dos fiéis uma obrigatória visão histórica. Não hesitamos em dizer, existe para o historiador, e conseqüentemente no saber humano, uma história de Deus. É essa história que também é esboçada nestas conversas, com um respeito absoluto pelas crenças.

1. De que Deus se trata?

JEAN-LUC POUTHIER — *A Idade Média de que vamos falar é um longo período de um milênio, que os historiadores situam tradicionalmente entre o fim do Império Romano do Ocidente (476) e a tomada de Constantinopla pelos turcos (1453). E o Deus que estará em questão é o Deus dos cristãos. Como esse Deus "chega", se é possível usar esta expressão, à Idade Média?*

JACQUES LE GOFF — Uma exatidão semântica em primeiro lugar. Nosso ponto de partida é a Antigüidade tardia. Prefiro esta expressão a falar em Baixo Império ou em alta Idade Média. Antigüidade

O DEUS DA IDADE MÉDIA

tardia é expressão que me parece corresponder melhor, de um lado, à óptica da longa duração que é a minha, e, de outro, ao fato de que acontecimentos decisivos — penso por exemplo no concílio de Nicéia, em 325, no qual foi adotado o primeiro *Credo*, chamado Símbolo dos Apóstolos — só pouco a pouco fazem sentir seus efeitos. No domínio das crenças, quase nunca se produzem revoluções, porém evoluções mais ou menos profundas, mais ou menos rápidas.

A Antigüidade tardia é o período em que o Deus dos cristãos se torna o Deus único do Império romano. Esse Deus é um Deus oriental que consegue se impor no Ocidente. Os primeiros grupos de cristãos se desenvolveram um pouco à maneira de uma seita, que faz conquistas e cujo número de membros cresce. E esses grupos foram favorecidos, nos séculos II e III, pelo interesse cada vez maior em torno das divindades e dos cultos salvadores; cultos de terapeutas, que cuidam simultaneamente das doenças do corpo e da alma, e da existência humana. Nessa época conturbada, o deus Esculápio, por exemplo, assume grande importância no meio militar. Os exércitos romanos, que vão lutar até nos confins da Pérsia, também tiveram contato com o culto de Mitra. Ao mesmo tempo, os imperadores, que buscam constituir, em torno de determinadas famílias, de determinados meios, dinastias mais sólidas, não encontram mais na religião romana o apoio com que se beneficiavam desde a época de Augusto. É então que sobrevém a decisão do imperador Constantino, depois do edito de Milão (313), de não apenas tolerar a nova religião mas até mesmo de recorrer ao Deus dos cristãos, do qual espera sua salvação e a do Império. Uma salvação que inicialmente é uma salvação terrestre, política, mas que, dada a natureza da religião cristã, logo se torna de natureza religiosa. Menos de um século mais tarde, em 392, Teodósio faz do cristianismo a religião do Estado.

Assim se realizam, no correr do século IV, a transformação do cristianismo de religião perseguida em religião do Estado e a transformação de um deus rejeitado em um Deus oficial. Os homens e as mulheres que vivem na Europa ocidental passam, em poucos decênios, do culto de uma multiplicidade de deuses a um Deus único. Existia certamente no paganismo greco-romano uma tendência crescente a considerar que os diferentes deuses constituíam mais ou menos uma pessoa coletiva, que era deus. Esse deus, porém, se escreve com um *d* minúsculo. É o *deus* de Cícero. Quando chega o cristianismo, *Deus* assume um *D* maiúsculo. Isso marca com clareza a tomada de consciência da passagem para o monoteísmo.

— *Os cultos pagãos conservaram adeptos?*

— A resistência da religião pagã greco-romana foi muito limitada. Na verdade, só houve resistência entre as elites intelectuais e principalmente, parece, em Roma, que era a um tempo o centro do pensamento romano e da política romana. Da mesma forma produziu-se, no início do século V, uma reação pagã à qual ficou ligado o nome de Símaco.[*]

---

[*]Patrício de atuação marcante no fim do século IV e início do século V, Quintus Aurelius Symmachus (Roma, c. de 340-c. de 410), seu nome latino completo, foi orador famoso defendendo o paganismo (um dos últimos a fazer tal defesa e a combater o cristianismo). Como político, chegou a ser prefeito de Roma em 384 e cônsul em 391. *(N. do T.)*

DE QUE DEUS SE TRATA?

O que resistiu mais a que se estabelecesse o novo Deus não foram os antigos deuses pagãos, mas certas práticas ligadas à magia ou antes àquilo que o cristianismo chamará de superstição: culto das árvores, culto das fontes; e isso vai continuar, pouco mais ou pouco menos, em surdina, durante a Idade Média. São as únicas resistências à dominação do Deus cristão. Convém, contudo, não esquecê-las. Trata-se de crenças, e às vezes de práticas, rurais; mais de 90% da população da Idade Média vivia nos campos. Por outro lado, as atitudes variam, à medida que aumenta o contato com os bárbaros, que se instalam nesse período nos antigos limites do Império romano, ou com populações romano-indígenas — deixo de considerar, mas seguramente a ele ainda faremos alusão, o Deus dos bizantinos, que é o Deus do cristianismo, entretanto com características muito particulares.

Da parte dos bárbaros, tudo parece indicar que a forte estrutura hierárquica favoreceu a conversão das populações, em particular das tribos, uma vez que essa era a forma de estrutura social mais comum. Aqui e ali aparecem resistências de chefes,

O DEUS DA IDADE MÉDIA

mas no conjunto a conversão dos chefes leva à conversão da população. Um caso virá a ser ao mesmo tempo lendário e exemplar: o caso de Clóvis. O Deus dos homens e das mulheres da Idade Média, portanto, é também o Deus dos chefes. Esse caráter continuará a se manifestar por muito tempo depois do período da conversão. O Deus é o Deus do senhor, com uma espécie de superposição dos dois níveis de dominação: *dominus*, com *d* pequeno, designa o senhor terrestre, e, com *D* grande, o Deus que em geral é chamado de Senhor, na Idade Média.

Da parte das antigas populações do Império romano, pessoas que não são ainda senhores no sentido feudal, mas patrões no sentido romano, os donos de grandes domínios densamente povoados, exerceram uma influência importante. É característico o fato de que muitos dos primeiros grandes santos do cristianismo foram importantes proprietários: Sidônio Apolinário ou Paulino de Nola, por exemplo... E o papa Gregório Magno era, ele próprio, um grande proprietário.

DE QUE DEUS SE TRATA?

— *A passagem para o monoteísmo levou portanto muitos séculos. Como o historiador da Antigüidade tardia determina os sintomas, os índices dessa passagem progressiva para o monoteísmo? Produz-se, por exemplo, uma separação nos cultos, entre as práticas pagãs referentes a um certo número de aspectos da vida do dia-a-dia, enquanto o culto cristão será cada vez mais sacralizado? De que maneira se estabelece essa distinção, pouco a pouco?*

— Vemos essa distinção de um modo privilegiado a partir dos lugares de culto. É a passagem do templo pagão para a igreja. Os casos em que o Deus dos cristãos se instalou na casa de um deus pagão são pouco freqüentes. O fenômeno mais comum foi a destruição dos templos. O novo Deus chegou em meio a uma grande atividade de demolição, que também atingiu os objetos naturais aos quais se rendia culto quase divino — essencialmente as árvores sagradas. Os grandes santos do início da Idade Média são destruidores de templos e de árvores sagradas. Aliás, a iconografia, na verdade muito rara nessa época, mostra-os sobretudo nessa ativi-

O DEUS DA IDADE MÉDIA

dade. E houve nisso um campeão: São Martinho, no fim do século IV. São Martinho batizou o espaço em nome do novo Deus. A toponímia guardou indícios disso. O nome de Deus nela aparece muito freqüentemente: Chaisedieu, Villedieu...;* mas o santo cujo nome mais se espalhou pela toponímia européia, da Polônia a Portugal, foi Martinho.

O novo Deus se impõe, e a crença nele se difunde, através de uma rede de lugares de culto onde os servidores de Deus, os santos, sob a forma de relíquias, tomam posse de um local para render-lhe homenagem. Uma profunda reorganização do espaço se opera com o Deus da Idade Média. A Idade Média garantiu o sucesso do Deus cristão por uma ocupação estreita e estruturada da topografia. Organizaram-se redes, organizaram-se estradas. Redes das ordens religiosas, redes das peregrinações... A rede constituída pela ordem de Cluny é valorizada

---

*O Autor se refere, evidentemente, à toponímia em língua francesa, ou ao modo pelo qual chegou à língua francesa (que não existia no século IV, como se sabe) a toponímia romana da Antigüidade tardia. Não teria sentido tentar traduzir os nomes citados. Daí a manutenção desse *dieu*, como sufixo, apesar da tradução generalizada, nas outras ocorrências, da palavra *Dieu* para Deus. *(N. do T.)*

DE QUE DEUS SE TRATA?

e divulgada de maneira notável. A partir dela emerge um problema importantíssimo quanto às relações entre os homens e as mulheres da Idade Média e seu Deus. No início do século XI, em Arras,* hereges contestaram o costume da Igreja de render culto a Deus, de honrá-lo em suas construções especiais, as igrejas, pois, segundo eles, Deus está presente em toda parte: por sua própria definição, é onipresente, onipotente e, portanto, é por toda parte que se deve cultuá-lo. O instrumento essencial do culto é a oração e o lugar para isso é o coração do homem e da mulher. O cristianismo medieval não oferece aos fiéis uma onipossibilidade de culto, mas redes muito estreitas de lugares de culto. As capelas, os cruzeiros acrescentam-se então às igrejas.

— *A reorganização do espaço foi acompanhada por uma evolução da própria concepção de Deus?*

— O cristianismo é uma religião de iguais que promete a vida eterna aos fiéis virtuosos. Nisso es-

---

*Capital da região de Artois, no departamento de Pas-de-Calais, norte da França. *(N. do T.)*

tão seus dois encantos maiores. Além disso, o peso fundamental do cristianismo, exercendo sua influência ao longo de toda a Idade Média, é que o Deus do cristianismo se encarnou, se fez homem. A pessoa do Deus homem, Jesus, viveu entre os homens como um irmão. Quaisquer que sejam os títulos que lhe dê o Evangelho, mestre, filho de Deus, Deus mesmo, Jesus em sua vida terrestre não conheceu senão irmãos. E sua ação memorável, se assim me posso exprimir, foi vencer a morte. Eis o modelo que ofereceu a seus fiéis! Porque morreu a morte mais miserável, a mais vergonhosa que existia em sua época, a morte dos escravos sobre a cruz, Jesus mostrou que todos os homens podem ser salvos, uma vez que o mais miserável entre eles foi salvo.

— *Isso aparecia como um absurdo aos filósofos latinos que criticavam o cristianismo...*

— Aos olhos dos gregos e dos romanos cultos, de inteligência voltada para a razão, participantes do *establishment*, o cristianismo era um escândalo.

Os cristãos se beneficiaram disso mais tarde, interpretando o episódio da crucificação como o "escândalo da cruz".

— *Como então esse escândalo se tornou a religião de referência, a religião comum, a partir dos séculos V, VI? Em que Deus os crentes acreditavam nesse momento?*

— Em primeiro lugar, não esqueçamos nunca que o Deus da Idade Média é um Deus oficial. Não tem concorrente. Javé é o Deus exclusivo dos judeus e Alá não chega, na verdade, ao conhecimento dos cristãos, nem mesmo dos cristãos cultos, nem mesmo daqueles que, como Pedro, o Venerável, abade de Cluny, mandaram providenciar a tradução do Alcorão para melhor conhecê-lo. Não existem além do Deus dos cristãos, a partir daquele momento, mais do que falsos deuses.

Por isso, ainda que a passagem para o monoteísmo seja evidentemente fundamental, não penso — não se trata de uma questão de temperamento, trata-se sem dúvida nenhuma de uma questão de

O DEUS DA IDADE MÉDIA

formação histórica — não penso que um monoteísmo puro e duro pudesse se instaurar solidamente e por um longo tempo num mundo como o europeu ocidental. Os homens e as mulheres dessas regiões sempre foram pessoas com o hábito de se rodear de personagens sobrenaturais, para não dizer divinas. Distingamos sobrenatural e divino porque aquilo que permitiu a sobrevivência de um grande número dessas personagens no interior de um sistema cristão foi precisamente o fato de não serem de natureza divina e, por conseguinte, não fazerem sombra ao novo Deus. Em particular, o mundo antigo era cheio de demônios. Na origem, o *dáimon*, uma palavra grega, pode ser bom ou mau. O cristianismo medieval reclassifica essa família de bons e maus demônios em anjos e diabos. Haverá, assim, uma atitude ambígua a respeito do maniqueísmo, essa religião oriental que opõe um deus do bem e um deus do mal. Como crença, como dogma, o maniqueísmo é recusado de modo absoluto pelo cristianismo. Todavia, em matéria de comportamentos, as tentações serão grandes, entre os homens e as mulheres da Idade Média, no sentido

28

DE QUE DEUS SE TRATA?

de opor o bem e o mal. Quanto a Deus, haverá problemas sobre seu caráter tanto no nível da exegese do dogma quanto no das crenças populares. O Deus que vem da Bíblia não é, de fato, nem bom nem mau. É todo-poderoso, é justo, mas pode ser terrível. Pode ser um Deus de cólera, um Deus de vingança, e o clero medieval terá, tanto quanto os fiéis, dificuldade em deixar de considerar essa imagem. O tema do flagelo de Deus continuará mantendo seu peso importante na Idade Média no capítulo das atitudes a respeito de Deus. Por que existem os malvados no mundo, por que os pagãos, por que existem os fermentos ruins a excitar a natureza? É porque servem a Deus de instrumento para punir os pecados. Desempenham um papel fundamental na concepção da história, isto é, na concepção histórica dos cristãos da Idade Média. Uma concepção dominada, conduzida por Deus, mas na qual é necessário achar uma explicação para aquilo que parece escandaloso ou maldoso da parte de um Deus que, entretanto, está a ponto de se tornar, através de um impulso generalizado de todo esse período, não apenas um bom deus, mas o Bom Deus.

O DEUS DA IDADE MÉDIA

Foi a Idade Média que criou o Bom Deus.* E o Bom Deus suscitou heróis, homens e mulheres, cristãos muito especiais que vieram a substituir os antigos heróis pagãos: os santos, intermediários entre Deus e os simples fiéis. Os santos a que Peter Brown chamou magnificamente de "mortos privilegiados". Para tornar-se santo, é preciso morrer. E a melhor maneira de morrer para tornar-se santo é evidentemente o martírio. A santidade cria uma união estreita entre mártir e santo. Não se pode esquecer que estamos numa sociedade que, em alguns pontos, merece ainda o qualificativo de primitiva, no sentido dado a esse termo pelos etnólogos. As atitudes em relação às relíquias, que mostram em muitos casos comportamentos primitivos, são reveladoras. Por exemplo, a maneira de lançar-se

---

*A expressão o Bom Deus, assim (o adjetivo com maiúscula), não está integrada à rotina, em português, mas é corrente até demais na língua francesa. É claro que o sentimento de um Deus bom (ou exclusivamente bom) se espalhou por todo o mundo ocidental cristão, mas, em matéria de expressões, como se sabe, há algumas típicas de um povo que não chegam a se consubstanciar em outros idiomas. O Bom Deus (*le Bon Dieu*) é expressão comum no dia-a-dia dos franceses, não chegando, porém, a esse ponto entre os falantes de língua portuguesa. (*N. do T.*)

DE QUE DEUS SE TRATA?

sobre o cadáver de um morto supostamente santo para cortar-lhe um dedo, um antebraço, levar-lhe uma costela, que serão relíquias corporais — as mais preciosas. Como conseqüência, a multiplicação dos santos dará a Deus auxiliares, em primeiro lugar materiais e carnais, mas que, principalmente, com suas relíquias, com seus túmulos, marcam os lugares em que Deus se manifesta de maneira mais marcante, em que é possível rezar de maneira mais eficiente. Assim se constitui, com os santos, com os bons demônios transformados em anjos, essa multiplicidade de lugares que materializam, no mundo medieval, a onipresença de Deus. Onipresença, apesar de tudo, controlável, verificável, porque o clero está lá, a supervisionar os lugares de culto.

— *E estamos diante de uma religião monoteísta. De qualquer forma é um tanto paradoxal.*

— Estamos no monoteísmo. E, mesmo com os santos e anjos, no monoteísmo permanecemos, uma vez que essas personagens não existem no mesmo

O DEUS DA IDADE MÉDIA

espaço, no mesmo nível que Deus. Deus está em um nível superior, inacessível, mesmo para os anjos e os santos. Uma palavra mais a respeito dos anjos. Um dos processos importantes estabelecidos na Idade Média, em relação ao espaço, foi o processo conhecido como de deslocalização. A partir do momento em que a Igreja considera, mais ou menos ali pelos séculos VII e VIII, que não há necessidade de estar junto do túmulo de um santo para rezar eficazmente, que é possível fazê-lo de longe, essa deslocalização torna Deus ainda menos tributário do espaço. E um caso interessante é o do anjo da guarda. Entre os anjos, que são mensageiros entre Deus e os homens, a Igreja distingue um ligado por Deus a cada ser humano, e encarregado de impedir que ele seja agredido pelo diabo ou que sucumba ao pecado. É o anjo da guarda. Com ele dá-se quase que a multiplicação por dois da população cristã! O Deus da Idade Média está à frente de um universo completo. E acredito que os homens e as mulheres da Idade Média tinham consciência desse papel e desse poder de Deus.

DE QUE DEUS SE TRATA?

Entro agora diretamente no assunto de sua pergunta. Estamos no monoteísmo? Estamos. No início o dogma da Trindade foi um dogma cristão muito particular. Deus é uno e trino, quer dizer, um Deus em três pessoas. Deus será freqüentemente representado por três anjos que serão a encarnação da Trindade. E é sobretudo em torno dessa noção bizarra da Trindade que nascem as heresias, quer dizer, "buscas" que não são lícitas, que levam ao abandono da ortodoxia, do verdadeiro dogma, da verdadeira crença e que são injúrias feitas a Deus. As heresias mais antigas, que prosseguirão durante longos séculos, concernem à natureza da segunda pessoa, Jesus, e à questão das relações entre as três pessoas. Desde o primeiro ato de fé ortodoxa estabelecido pelos bispos reunidos em Nicéia, em presença de Constantino, tinha-se resolvido um problema que suscitara uma viva controvérsia da parte de numerosos bispos do Oriente, a posição final, aliás, não sendo aceita pela Igreja bizantina posterior: a questão do *filioque*. Trata-se do estatuto da Trindade. Segundo o Credo de Nicéia, o Espírito

Santo procede do Pai e do Filho.* Ora, uma grande parte do clero oriental considera que ele procede apenas do Pai. Essas discussões tiveram algum reflexo no clero, pouco, é verdade, mas quase não afetaram o conjunto dos fiéis do Ocidente. São essas, sem dúvida, as diferenças de tradições. Os estivadores de Alexandria se envolviam apaixonadamente, parece, com essas controvérsias, que entretanto não interessavam às multidões ocidentais.

Mais sérias, até porque tiveram conseqüências políticas, foram as discussões sobre a natureza do Cristo. Ário, um sacerdote de Alexandria, sustentara que Jesus tinha apenas uma natureza humana. E o arianismo teve repercussão importante no Ocidente, em particular porque se difundiu por um grande número de populações antes mesmo de que fizessem parte do Império romano. A Bíblia, de

---

Filioque é uma forma latina em que o *que* posposto corresponde à conjunção aproximativa *et* anteposta (*filioque = et filio*). O Autor se refere ao seguinte trecho do Credo: "... *qui ex Patre Filioque procedit*", na forma latina, "... que procede do Pai e do Filho", na tradução portuguesa tradicional. O Credo de Nicéia completo, também chamado Símbolo dos Apóstolos, hoje é rezado em raras missas dominicais durante o ano. Na maioria absoluta das missas reza-se um resumo do Credo do qual não consta esse trecho. *(N. do T.)*

DE QUE DEUS SE TRATA?

fato, tinha sido traduzida na língua dessas populações por um bispo ariano, Ulfilas.* E assim os ostrogodos e os visigodos eram arianos. Os reinos cristãos erigidos por alguns reis godos na Itália, na Occitânia e na Espanha foram primeiro arianos. O golpe de gênio de Clóvis foi escolher a forma dita católica do cristianismo, por oposição ao arianismo. Essa escolha evitava que ele fosse considerado herege e fazia com que entrasse na grande família cristã ligada ao bispo de Roma.

O arianismo foi causa de grandes perturbações nos séculos VI e VII. Outro sacerdote, Nestório, patriarca de Constantinopla no início do século V, acreditava por sua vez na separação das duas naturezas do Cristo: a natureza divina e a natureza humana. Para ele, a Virgem Maria poderia ser chamada "Mãe de Cristo", mas não a "Mãe de Deus". Condenadas as suas crenças pelo concílio de Éfeso, em 431, Nestório não teve grande influência no Ocidente, mas durante longo tempo existiram comunidades nestorianas na Ásia. Outros, ao

---

*Também conhecido como Ulfila ou Vulfila, nascido em Constantinopla (c. de 311, morreu em 383). Foi bispo e apóstolo dos godos. (N. do T.)

O DEUS DA IDADE MÉDIA

contrário, só reconheciam em Jesus a natureza divina, que tinha absorvido sua natureza humana. Eram os monofisitas, condenados pelo concílio de Calcedônia, em 451. Esses monofisitas foram numerosos no Oriente, mas quase inexistentes no Ocidente. De maneira mais difusa, expandiu-se no Ocidente também a doutrina do monge Pelágio, que privilegiava o livre-arbítrio humano em face da graça. O pelagianismo foi vigorosamente combatido por Santo Agostinho, mas algumas tendências pelagianas persisitiram ou renasceram no cristianismo medieval. A doutrina de Pelágio tratava da natureza pecadora do homem e da relativa independência de seu livre arbítrio em relação à vontade divina. Inspirou uma forma para-herética de humanismo medieval que talvez merecesse mais atenção. O padre Marie-Dominique Chenu* não era hostil a essa reflexão.

---

*O leitor pode estranhar, mas o prenome Marie, às vezes, muito raramente é verdade, aparece em francês em alguns nomes duplos de homem, como o primeiro deles, caracterizando o segundo o nome masculino (excepcionalmente neste caso o segundo nome, Dominique, tanto pode ser masculino como feminino). Dominicano francês, especialista em teologia medieval e em tomismo, o padre Chenu (1895-1990) é uma das grandes admirações de Le Goff, que o tem citado sempre com o maior respeito em muitas de suas obras. Os dois foram amigos. *(N. do T.)*

DE QUE DEUS SE TRATA?

Contudo, se deixarmos de lado perturbações graves trazidas à visão de Deus de alguns chefes cristãos da alta Idade Média pela instilação de pensamentos mais ou menos pelagianos, o Deus do Ocidente medieval não foi atingido em profundidade por essas heresias.

Em compensação, parece-me que na imagem que dele tinha a maioria dos cristãos, da qual não estão excluídos os clérigos, ele não se apresentava sempre sob a forma do mesmo Deus. As três pessoas eram vistas e pensadas como pessoas diferentes. Havia para eles o Pai, havia o Filho, havia o Espírito Santo. Certamente não existia entre essas três pessoas oposição que pudesse pôr em perigo a unidade profunda de Deus. Mas, na vida cotidiana, e em algumas ocasiões, o cristão ou a cristã da Idade Média dirigiam-se mais particularmente a uma ou a outra dessas pessoas. Para perceber essas diferenças, as imagens nos ajudam muito. Quando, em especial a partir da época carolíngia, essas imagens se multiplicam, a expressão privilegiada de Deus é a de Deus Pai. Um homem idoso, a um tempo diretor e protetor. É uma fonte de autoridade. É o Deus que convém a uma sociedade que se constitui lenta e dificilmente. É um Deus que permanece no céu, não mostrando eventualmente mais do que sua mão através das nuvens (ver encarte, fig. 3). Num momento em que Carlos Magno, depois os imperadores germânicos tentam reconstituir um império cristão, é um Deus real, um Deus majestade.

Depois emerge mais e mais o Filho, que em parte se desliga do Pai e atrai mais as orações e a devoção dos fiéis. Jesus se torna não apenas o Deus dos homens, mas Deus feito homem, cujo ato essencial para a salvação de cada um foi a Paixão e a morte na cruz. Um momento exemplar é o início do século XIII com São Francisco de Assis. É ele o santo da pobreza e da humildade, da imitação de Jesus Cristo. São Francisco recebe os estigmas e assim se identifica com Jesus. Deus volta a descer à terra num momento em que o conjunto dos valores cristãos sempre vivos, sempre praticados — porque os homens e as mulheres são sempre cristãos — não estão mais confinados no céu. O século XIII e o XIV, séculos de crises, de epidemias, de guerras, levam ainda mais longe essa devoção ao Cristo.

Surgem dois temas iconográficos: a *Pietà*, a Virgem recolhendo sobre os joelhos o corpo de seu filho descido da cruz, e o *Ecce Homo* ("Eis o homem", palavra com as quais Pilatos apresenta Jesus depois que ele foi flagelado, coroado de espinhos e revestido de um manto púrpura), quer dizer, um Cristo de piedade, um "Cristo ultrajado". Ao mesmo tempo, a pessoa de Deus se reequilibra na devoção dos cristãos. No século XIII, o Cristo sofredor da Paixão coexiste com o Cristo glorioso da Eucaristia exibido na procissão de *Corpus Christi* sob um pálio, e uma série de imagens tendo à frente a Trindade na qual o Pai carrega o Filho, sobre o qual está a pomba do Espírito Santo. Nelas, o Espírito Santo vem, como em um novo Pentecostes, inspirar as corporações e os indivíduos que a ele se consagram.

2. Duas figuras maiores, o Espírito Santo e a Virgem Maria

— *A presença do Espírito Santo nas procissões que o senhor acaba de evocar é um tanto surpreendente, vista do século XXI. É muito abstrato o Espírito Santo.*

— Até o século XIII, o Espírito Santo é uma espécie de *Deus ex machina*, no modelo do Evangelho. A mentalidade histórica e mítica conserva o sinal de suas intervenções excepcionais. A imagem de que nos lembramos é a do batismo de Clóvis, acontecimento que tem uma importância maior do ponto de vista político. Quem faz nesse momento o essencial do "trabalho"? É o Espírito Santo. Ao mesmo tempo, estou convencido, se bem que não tenhamos documento a esse respeito, que a imagem de um Deus sob a forma de pássaro é muito difícil de ser admitida na crença e na devoção.

Acontece que os homens da Idade Média, sobretudo os clérigos, mas também com toda a certeza os leigos piedosos, preocupam-se com o lugar que o Espírito Santo ocuparia na teologia. Cuidavam eles, nesse sentido, antes de tudo de introduzi-lo na sociedade. Desenvolve-se então, no plano teológico, o tema dos sete dons do Espírito Santo, absolutamente fundamental no século XIII. A partir daí, o Espírito Santo penetra na vida social.

— *De que maneira?*

— O Espírito Santo ajusta-se às novas atividades da sociedade feudal, que entrara numa fase mais artesanal e urbana, à qual corresponde o sucesso extraordinário das ordens mendicantes. O Espírito Santo se introduz na sociedade assumindo um papel superior em certas atividades coletivas, profissionais, quer dizer, as confrarias. Torna-se o Deus das confrarias. E também dos hospitais. Isso se dá em particular nos meios germânicos. Pude compreendê-lo — um tanto envergonhado! — em Nuremberg, num restaurante instalado num hospital medieval do Espírito Santo, e recomendado por sua gastronomia bávara. Nesses grandes conjuntos, o acolhimento ao público, posto sob a invocação do Espírito Santo, demonstra que lhe foram atribuídas novas funções. O Santo Espírito não mais se contenta em descer sobre os reis convertidos. No hospital, na vida profissional, o Deus que o acompanha, o Deus que se invoca, é o Espírito Santo. Pareceu-me que estava aí uma das explicações para esse sucesso do Espírito Santo, a partir do século XIII. Demorei tanto a encontrar essa explicação exatamente porque me perguntava: "Afinal, que vem fazer este pássaro na sociedade medieval?"

— *O discurso religioso e teológico teve, por essa época, a mesma inflexão?*

— O interesse crescente pelo Espírito Santo também pode ser percebido através dos sermões.

O DEUS DA IDADE MÉDIA

Um pregador do século XIII, o dominicano Étienne de Bourbon, do convento dos dominicanos de Lyon, publicou por exemplo seus sermões em forma de tratado.[1] Sua classificação segue os dons do Espírito Santo. Quase na mesma época, outro dominicano muito conhecido, Guillaume Peyraut, autor de um tratado das virtudes e dos vícios, escreve e difunde um tratado sobre os dons do Espírito Santo. Portanto, no meado do século XIII, o Espírito Santo é um tema que está na moda. E por quê? Porque é objeto de um conflito entre os teólogos e os clérigos. Um conflito entre os dons do Espírito Santo e as virtudes. Os dons do Espírito Santo são a fonte ou os efeitos das virtudes? No século XII, a questão preocupara grandes teóricos, como Hugues de Saint-Victor e Pierre Lombard,* este último bispo de Paris.

---

1. A primeira parte desse tratado, *Tractatus de diversis materiis predicabilibus* (Tratado sobre as diversas matérias a pregar), foi publicada recentemente, com uma excelente introdução, por Jacques Berlioz, no *Corpus Christianorum, Continuatio Mediaevalis*, CXXIV, Turnhout [Bélgica], Brepols, 2002.

*Na verdade, Pietro Lombardo, como é conhecido em italiano, o segundo nome a denunciar sua origem. Mas, como passou a parte mais importante de sua vida em Paris, consideramos correto manter a maneira pela qual o chamam os franceses. *(N. do T.)*

DUAS FIGURAS MAIORES, O ESPÍRITO SANTO...

— *Quais são esses dons do Espírito Santo?*

— Os dons do Espírito Santo vêm da Bíblia. Foi Isaías que enumerou pela primeira vez esse dons que Javé fez descer sobre o homem. São o temor, a piedade, a ciência, a força, o conselho, a inteligência e a sabedoria.* É claro que esse sistema reproduz um aspecto essencial — teologicamente — do pensamento bíblico e — historicamente — do humanismo cristão.

Os dons do Espírito Santo são adotados por Santo Agostinho. Nisso ele foi, como em muitos domínios, o intermediário da passagem da Bíblia para o cristianismo. Agostinho inverte, entretanto, o funcionamento do sistema. É o homem que solicita de Deus a obtenção dos dons e, em conseqüência, aquele que era o último em Isaías, o dom do temor, passa a ser o primeiro em Agostinho. O medo da condenação da Igreja, do julgamento de

---

*Isaías fala, em 11, 2, dos dons do Espírito que o futuro Messias receberá. Cita os seis primeiros dois a dois: sabedoria e entendimento (este, na relação acima, consta como "inteligência"), conselho e força, ciência e piedade. O sétimo é o temor [do Senhor], que será como que a respiração do Ungido, no dizer do profeta. *(N. do T.)*

O DEUS DA IDADE MÉDIA

Deus, mexe, se posso usar a expressão, com o funcionamento terrestre dos dons do Espírito Santo. A natureza de Deus, mas também o funcionamento das relações entre Deus e o homem, mudaram na passagem do Velho para o Novo Testamento. O cristianismo é mais pessimista, porém fixa principalmente os dons do Espírito Santo nas relações entre Deus e o homem. Sua fonte é o desejo do homem. Além disso, a partir de Agostinho, e isso é verdadeiro de um modo geral na Idade Média, os dons do Espírito Santo se concentram na ciência. É legítimo estabelecer uma relação entre a presença crescente do Espírito Santo a partir do século XII e o desenvolvimento e, até mesmo, a democratização do saber. O saber não é mais privilégio dos clérigos, e em particular dos monges, mas, através das escolas urbanas, das universidades e de um método bem definido pelo próprio nome, a escolástica, o Espírito Santo dirige a Deus, em seu domínio de onisciência e onipotência, o setor da ciência, pelo qual se torna o principal responsável. Nada de espantoso, se as discussões em torno do Espírito Santo, no século XII e no início do século XIII, têm de

DUAS FIGURAS MAIORES, O ESPÍRITO SANTO.

todo modo sua solução no escolástico por excelência, Tomás de Aquino.

— *E qual é essa solução?*

— Para Santo Tomás de Aquino (1224-1274), entre os dons e a virtude a vitória é dos dons. Acha Tomás de Aquino que as virtudes agem *modo humano* — trata-se de faculdades humanas — enquanto os dons do Espírito Santo agem *ultra modum humanum*, acima da natureza humana. No meado do século XIII, o Espírito Santo ocupa, portanto, posições de força e de superioridade no conjunto da vida espiritual e moral. Não fica mais, o Espírito, apenas no papel, certamente muito importante, porém ocasional, de abençoar um grande acontecimento — o batismo de Clóvis —, mas age por seus dons na vida cotidiana, sua ação passa a estar mais presente no meio urbano, onde as confrarias constituem freqüentemente uma espécie de duplicata das corporações.

Este exemplo permite, parece-me, compreender melhor o que proponho como um politeísmo medieval. Deus permanece, é claro, o mestre único do saber e da difusão do saber para o homem, mas de algum modo delega seus poderes, no que concerne precisamente ao saber, a uma das pessoas de que é composto.

Aí está toda a flexibilidade do monoteísmo medieval, mais nítida ainda na doutrina espantosa, cujo eco foi considerável no século XIII e mais tarde, de Gioacchino da Fiore (c. de 1135-1202). Esse calabrês que se tornou beneditino, depois cisterciense, retira-se como eremita para as altitudes do planalto de Sila em 1188-9 e aí funda, em Fiore, um mosteiro que o papa Celestino III reconhece como cabeça de uma nova ordem, a ordem de Fiore. Gioacchino morre em 1202 deixando uma obra cuja rápida difusão exercerá influência extraordinária nas fronteiras da ortodoxia e da heresia. Os principais herdeiros de seu pensamento estarão entre os franciscanos, no meio dos quais os chamados joaquimitas [ou joaquinitas], aqui também ortodoxos ou hereges, serão numerosos e ativos.

Gioacchino da Fiore — e é isso que o torna importante aos olhos do historiador — inscreveu

DUAS FIGURAS MAIORES, O ESPÍRITO SANTO...

Deus numa dinâmica renovada da história. Se bem que a idéia de concórdia seja essencial no seu pensamento, ele dá à história como padroeiras sucessivas as três pessoas da Trindade. A idade do Pai, instaurada pela lei (antes e depois das leis ditadas a Moisés), deu lugar à idade do Filho, que é a idade da graça e da Igreja (*ordo clericalis*), na qual vive a humanidade de seu tempo. A idade do Filho cederá lugar, por sua vez, a uma terceira e última idade da humanidade, a idade do Espírito Santo e de uma ordem propriamente espiritual. Gioacchino recupera no Apocalipse, sobre o qual escreveu um comentário, as peripécias dramáticas do Anticristo, e do ataque dos povos de Gog e Magog. Sua visão da história termina de maneira muito ortodoxa na parusia, a segunda vinda do Cristo glorioso sobre a terra e o juízo final.

Essa doutrina dá força a um sentido cristão da história tido como "progressista" e o joaquimismo [ou joaquinismo] tem sido considerado um ancestral do marxismo.

De qualquer maneira ele promoveu de modo extraordinário o Espírito Santo como motor divi-

O DEUS DA IDADE MÉDIA

no da história. Variante rica do milenarismo, o joaquinismo predisse a instauração sobre a terra de uma sociedade de iguais, governada por santos do tipo monástico sob a direção do Espírito Santo. A atração dessa visão sobre numerosos cristãos é fácil de imaginar, assim como seu caráter revolucionário inquietante para os detentores do poder, a começar pela Igreja.

O Deus do joaquinismo pode ser "politizado", como tudo que foi objeto das profecias da Idade Média, num sentido positivo ou negativo. O joaquinismo (alimentado tanto por textos apócrifos como por textos autênticos) identificou, por exemplo, o imperador Frederico II como o Anticristo.

Um estudo recente de François Boespflug estabeleceu com precisão a importância da iconografia da Trindade e do Espírito Santo no fim da Idade Média.[2]

A virada estaria situada no século XII, que teria realizado a interpenetração das três pessoas da Trin-

---

2. François Boespflug, "Visages de Dieu" ["Faces de Deus"], em Jacques Dalarun (dir.), *Le Moyen Âge en lumière*, Paris, Fayard, 2002, p. 295-328.

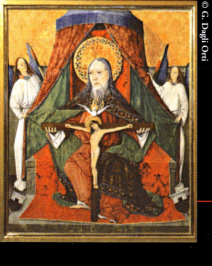

A trindade, 1471, galeria de arte húngara, Budapeste.

A trindade, óleo sobre tela, século XV, Amiens, Museu da Picardia.

©Jean-François Amelot/AKG

Virgem com o menino em majestade,
segunda metade do século XII,
Notre-Dame D'Orcival, Puy-de-Dôme

Cristo em majestade,
afresco de Saint-Clément à Taull,

Cristo despregado da cruz,
madeira dourada, Borgonha, época romana,
século XII, Museu do Louvre.

**O sacrifício oferecido por Caim e Abel/
O assassinato de Abel,**
marfim da catedral de Salerne, 1084,
Museu do Louvre.

dade. Entre 1200 e 1400, as imagens da Trindade são encontradas em cinco tipos iconográficos: o Trono da Graça, a Trindade do saltério, a Paternidade, a Trindade triândrica e a Trindade tricéfala (denominações não medievais, mas atuais).

O Trono da Graça mostra Deus Pai, em geral sentado, tendo diante de si Jesus crucificado, o Espírito Santo sob a forma de pomba aparecendo em posição variável (ver encarte, fig. 4 e 5).

A Trindade do saltério ilustra o salmo 110 (109):* "O Senhor disse a meu Senhor: 'Senta-te à minha direita, farei de teus inimigos escabelo de teus pés.'" O Pai e o Filho estão sentados sobre um mesmo trono, ou às vezes lado a lado em dois tronos distintos, a pomba do Espírito Santo entre eles. Esta Trindade é representada apenas em miniaturas. É uma Trindade livresca.

---

*A dupla numeração dos salmos a partir do décimo, como se sabe, nasce da divergência entre a seqüência do saltério hebraico e a das traduções grega e latina, que engloba em um único (Salmo 9) os salmos 9 e 10 da tradição hebraica. Assim, habitualmente, a partir do Salmo 10 a numeração em nossas traduções da Bíblia aparece assim: 10 (9), por exemplo, ou 110 (109), correspondendo o primeiro número à seqüência hebraica e o número entre parênteses à seqüência grega e latina. (N. do T.)

O DEUS DA IDADE MÉDIA

A Paternidade, que representa, segundo o Evangelho de São João (1, 18), Deus Pai trazendo o filho em seu "seio", isto é, diante de seu peito, sobre seus joelhos, não teve grande sucesso, talvez por causa da exclusão do Espírito Santo. É uma Binidade mais do que uma Trindade.

A Trindade triândrica não representa a Trindade verticalmente, mas horizontalmente, insistindo sobre a igualdade das pessoas. Quanto às Trindades tricéfalas (um só corpo e três cabeças) e trifaciais (uma só cabeça em geral com quatro olhos, três narizes e três bocas, distinguindo-se três rostos adjacentes), são a imagem de um Deus monstruoso que suscitou vivas oposições, como a de Santo Antonino (1389-1459), arcebispo de Florença e protetor de Fra Angelico.

A virada do século XIV para o século XV assiste a "uma série de invenções" no domínio da iconografia de Deus e da Trindade. Deus Pai aparece como papa, produto talvez do traumatismo e da frustração do Grande Cisma. Duas novas imagens são elaboradas, a da "Trindade sofredora" e a da

"Trindade gloriosa". A "Trindade sofredora", desconhecida antes de 1400, representa a "compaixão do Pai", Deus Pai carregando o filho, seja a segurá-lo pelas axilas — como o faria um anjo ou José de Arimatéia em uma Descida da Cruz — seja mantendo-o sobre os joelhos, como a Virgem na *Pietà*. A pomba do Espírito faz em geral a ligação entre o Pai e o Filho.

A "Trindade gloriosa" aparece na Coroação da Virgem, que não é mais coroada exclusivamente por Jesus Cristo, no momento elevando Maria a sua "divinização".

Como põe em relevo François Boespflug, essa coexistência, no fim da Idade Média, de um Deus binário ou trinitário mergulhado no sofrimento com um Deus trinitário ou mesmo quaternário exaltado na glória, marca a concordância entre as duas imagens dominantes do deus medieval, a do Deus sofredor e a do Deus como majestade.

— *É possível estabelecer uma ligação entre o lugar cada vez mais importante destinado ao Espírito Santo e o desenvolvimento de uma nova angelologia, em particular a aparição dos anjos da guarda, de que o senhor já falou?*

— São movimentos diferentes, mas é possível achar-lhes um ponto comum: a especialização. A especialização é um aspecto muito importante da devoção. Muito rapidamente, o mundo cristão se organiza ao mesmo tempo seguindo uma crença universal e segundo uma devoção particular. Quando Deus se torna um Deus mais misericordioso, um Deus que é o Bom Deus, um Deus que protege, os anjos têm sua função de salvaguarda reforçada. Cada um recebe seu anjo da guarda. É impressionante. Ao lado do Bom Deus, os primeiros instrumentos desse sistema universal são os santos, claro. E, com isso, quem vai desempenhar o papel essencial, uma vez que um homem e uma mulher dificilmente conseguem estabelecer uma relação afetiva com o Espírito Santo? É a Virgem. Vejamos de novo a iconografia. O tema que se espalha é o da Virgem, com seu manto protetor. À medida que as necessidades se intensificam na sociedade, que as reivin-

DUAS FIGURAS MAIORES, O ESPÍRITO SANTO...

dicações se multiplicam, os homens e as mulheres têm necessidade de uma extensão, de uma diversificação das manifestações de Deus. Estudei menos o fim da Idade Média. Interessei-me principalmente pelo período que vai do século XI ao início do século XIV. Ora, o fim da Idade Média é apresentado pela historiografia como um período de crise, de perturbações, de peste (a de 1347-1348, com reincidências mais ou menos devastadoras a cada vinte anos, aproximadamente), de guerra (a Guerra dos Cem Anos, por exemplo). E se nosso ponto de vista fosse um tanto deformado pela importância crescente das expectativas sociais? Acaso não foi a reivindicação da sociedade quanto a tudo que concerne ao corpo, à alimentação, à segurança de um modo geral, que tornou os homens e as mulheres do fim da Idade Média mais exigentes, mais refinados? Hoje dá-se um fenômeno parecido. A percepção da famosa falta de segurança se deve, em parte, não unicamente, é claro, ao fato de que ela está mais bem localizada, que temos estatísticas que antes não tínhamos. Muito bem, pergunto-me se não se passou alguma coisa comparável no fim da Idade Média e se nós também não devemos ver Deus evoluir segundo as novas necessidades ou as transformações das necessidades da sociedade. Certamente, as ligações entre Deus e a sociedade feudal estão entre as mais estreitas da história. De todo modo, podemos observar o que altera essas ligações. Todas essas infelicidades fazem com que os homens e as mulheres cada vez se tornem mais sensíveis ao Deus sofredor, ao Cristo da Paixão. E, ao mesmo tempo, procurem uma proteção. Daí o desenvolvimento do papel do Espírito Santo e a promoção da Virgem.

No meu entendimento, essas atitudes foram muito mais importantes do que a relação freqüentemente estabelecida entre a promoção da Virgem e a promoção da mulher, a respeito da qual fico em dúvida. Antes de ter de algum modo elevado a mulher, tenho sentimento de que a Virgem se desprendeu de sua natureza feminina para adquirir esse *status* divino que era difícil encontrar em um ser feminino. Em compensação, se alguém aproveitou bem a promoção da Virgem, esse alguém foi a criança. O tema da mãe de Deus (*Theo-tókos*) por muito tempo essencial em Bizâncio, desenvolveu-se no Ocidente. E, quanto ao Ocidente, vejo nesse tema a promoção da criança. O problema foi mal situado. Um dos nossos grandes historiadores da família, Philippe Ariès, deixou-se impressionar muito pelas críticas. Ariès sentiu alguma coisa de muito importante: a criança não tinha, na sociedade medieval, o papel quase divino que tem em algumas sociedades, em particular em nossas sociedades modernas. Philippe Ariès foi criticado a partir de uma base ruim, a base do amor dos pais e em particular do amor materno. Isso foi interpretado como "Philippe Ariès considera que os pais e as mães da Idade Média não amavam seus filhos". O historiador precisa compreender que, no longo prazo, à falta da eternidade, porque ele não é especialista em eternidade, há comportamentos e estruturas que duram muito tempo. O amor dos pais e, em particular, o amor materno existiam na Idade Média. O que evoluiu foi o lugar simbólico da criança. Houve uma extraordinária promoção da criança.

O DEUS DA IDADE MÉDIA

Ainda neste ponto, observemos a iconografia. Veremos as crianças, e em primeiro lugar a Criança por excelência, aquela que é representada para simbolizá-las, o Menino Jesus. Freqüentemente os meninos Jesus das virgens romanas são horríveis. Parecem anões. O que absolutamente não significa que não sejam amados, mas que são vistos como uma figura a admirar (ver encarte, fig. 6). E isso muda à medida que crescem o culto à Virgem e a devoção ao Menino Jesus.

Ao mesmo tempo, duas outras imagens de Deus parecem se impor, a meu ver, nesses temores e nessas perturbações dos séculos XIV e XV. Com a peste, em particular, restaurava-se a imagem do tempo das invasões mongóis. A peste é um castigo de Deus para o pecado dos homens. É o flagelo de Deus. Uma filosofia da história se difunde com uma dupla face de Deus: um "Bom" Deus que é providência e um Deus da cólera (*Dies irae* [O dia da ira], seqüência cantada na missa pelos defuntos), Deus da punição. Os dois repartiam o governo dos homens e a marcha da história.

DUAS FIGURAS MAIORES, O ESPÍRITO SANTO...

Entretanto, a liberdade divina se acentua. O franciscano [inglês] Guilherme de Ockham (1285-1347) só concede à onipotência divina o estreito limite da não-contradição.

3. A sociedade medieval e Deus

— *O Deus dos cristãos, o senhor lembrou, é um Deus pessoal. Ao mesmo tempo, as diversas concepções ou representações de Deus que o senhor evocou parecem exprimir um estado da sociedade; uma sociedade impregnada a tal ponto pelo cristianismo que recebeu o nome de "Cristandade medieval". Quais eram os traços carcaterísticos dessa sociedade?*

— O Deus dos cristãos se estabelece numa sociedade que sai da Antigüidade tardia para entrar num sistema que é simultaneamente econômico, político e ideológico: o sistema feudal. A expressão foi mantida, ainda que os historiadores não creiam mais na importância central do feudo.

O sistema feudal repousa economicamente na posse da terra e no direito de cobrar um certo número de taxas. Isso gera uma hierarquia social e uma hierarquia de poderes. Na base dessa hierarquia está a massa dos leigos, que são 90% dos camponeses. Uma parte deles, na alta Idade Média, digamos, até o século XI, não é livre. Ainda existem escravos e, principalmente, servos, e as alforrias libertam a grande maioria dessa base social leiga. Depois vêm os senhores, que são a um tempo os proprietários, os exploradores e os beneficiários da terra e dos produtos econômicos em geral. São os senhores dos leigos. Ao lado e acima deles, estrutura-se uma hierarquia política dividida essencialmente em dois tipos de governo: os governos urbanos com magistrados urbanos, e governos que, pouco a pouco, a partir do século XI e sobretudo do século XII, assumem um aspecto estatal e geram monarquias, as principais sendo as monarquias inglesa, francesa e castelhana. Enfim, à parte, os clérigos formam a Igreja, principal poder dominante da Idade Média e da sociedade feudal, que supervisiona, controla, garante o domínio de Deus sobre o conjunto da sociedade e mais especialmente dos leigos. Um caso particular é o do Império, o Sacro Império Romano-Germânico, sucessor, como o nome indica, do Império romano cristão. Seu chefe, o imperador, teoricamente é superior a todos os outros reis e príncipes da cristandade e, nessas condições, dispõe de relações especiais com Deus. Na realidade, a autoridade do Império em pouco tempo fica limitada territorialmente ao mundo germânico e, em certa medida, à Itália. E, mesmo nesse espaço, seus poderes são cada vez mais discutidos.

— *Qual é o lugar de Deus nesse sistema?*

— Deus é um senhor. É, mesmo, o Senhor por excelência. Seu título corrente nesse mundo que, durante longo tempo, pelo menos entre os clérigos,

O DEUS DA IDADE MÉDIA

fala latim, é *Dominus Deus*, o Senhor Deus. O que dará, quando se desenvolverem as literaturas em língua vernácula, na língua que se vai tornando o francês: *Damedieu*, como, por exemplo, na *Chanson de Roland*.* Neste ponto, eu queria sublinhar que o Deus dos cristãos não recebeu um nome, diferentemente do Deus dos judeus, Javé, e do Deus dos muçulmanos, Alá. O Deus dos cristãos se chama Deus, *Deus*, em latim. É um nome que vem do indo-europeu, mas que na verdade se encorpa e se enriquece a partir da Bíblia, sem assumir, entretanto, o nome de Javé. Esse Senhor Deus é simultaneamente o ponto mais alto e a garantia do mundo

---

*A *Chanson de Roland* é a mais antiga das canções de gesta (poemas épicos dos séculos XI, XII e XIII cantando o feito de heróis históricos ou legendários) francesas. Foi escrita entre 1100 (último ano do século XI) e 1125, por um clérigo francês ou normando de cujo nome não se tem certeza mas que pode ser o *Turoldus*, nome que aparece no fim do poema. As canções de gesta foram divididas em ciclos e a de Roland é do ciclo de Carlos Magno (do qual Roland é sobrinho). Narra o episódio em que Roland é traído pelo sogro Ganelon e lançado numa dura batalha contra os mouros. Em desvantagem contra dezenas de milhares de pagãos, Roland soa a trombeta chamando Carlos Magno, que chega e derrota os mouros. Roland morre e, na volta de Carlos Magno a Aix, quando Ganelon é punido com a morte, a bela Aude morre de dor ao saber da morte do amado Roland. *(N. do T.)*

A SOCIEDADE MEDIEVAL E DEUS

feudal. É o Senhor dos senhores. Ao mesmo tempo — e isto me parece muito interessante —, de um ponto de vista ideológico e político, seu poder está ligado ao fato de ser um rei. O Senhor é o Rei. E esse Rei é historicamente o sucessor, mas na verdade a continuação, dos reis antigos, e em particular dos reis do Antigo Testamento.

— *Os reis cujas imagens ornamentam as fachadas das catedrais...*

— Esses mesmo, e o próprio Deus é freqüentemente representado sob uma aparência real, monárquica. Aparência que, entretanto, nem sempre foi a mesma, e o caso merece algumas explicações. Uma das originalidades do Deus dos cristãos vem do fato de que eles O representam sob a forma de imagem. O que sem dúvida é totalmente diferente do comportamento dos judeus e dos muçulmanos, que, são, de modo geral, anicônicos: recusam imagens e, sobretudo, rejeitam e condenam uma representação de Deus. O Deus cristão, esse, é representado. Os fiéis, do mais humilde camponês ao imperador, O vêem sob uma forma humana. Nunca será insistir demais, na minha opinião, lembrar a decisão de Carlos Magno, no momento do II concílio de Nicéia, de 787, de aceitar as imagens no cristianismo latino, mantendo-se a igual distância de duas situações extremas, a de uma destruição das imagens, *iconoclastia*, e, ao contrário, a de uma adoração, de um culto de imagens, *iconodulia.* * Para os cristãos latinos, romanos, as imagens são um instrumento de devoção, de homenagem a Deus, mas só Deus é suscetível de ser adorado. Não existe culto às imagens no mundo do cristianismo latino.

A representação de Deus parece, contudo, ter causado problemas, durante um certo tempo, quando se tratava de Deus Pai. É a pessoa da Trindade mais próxima do Antigo Testamento, portanto do Deus dos judeus, e até mesmo do Deus dos muçul-

---

*O segundo elemento da palavra se enraíza no grego *doúlos* (leia-se "dúlos"), escravo. Ao pé da letra, a iconodulia seria, então, a submissão às imagens. *(N. do T.)*

A SOCIEDADE MEDIEVAL E DEUS

manos, uma vez que uma grande parte do Alcorão, isto é, uma grande parte da crença muçulmana, vem do Antigo Testamento. Em conseqüência, nesse mundo que é um mundo de símbolos, foi um símbolo, e não uma figura humana completa, que por longo tempo representou Deus Pai. É a imagem da mão que sai das nuvens. Essa mão define a um só tempo a natureza e a função reconhecidas do Deus feudal. É uma função de comando, trata-se de uma mão que ordena; é uma função de punição, trata-se de uma mão que pune; e é uma função de proteção, trata-se de uma mão que protege. E, no curso da Idade Média, como já mostramos, há um progresso da função de proteção em relação às duas outras. Deus torna-se cada vez mais um Bom Deus, o Bom Deus. Uma reação ao menos parcial terá lugar no século XVI com as reformas. Os reformados voltaram em parte ao Deus da cólera do Antigo Testamento; mas os católicos terão como herança essa idéia do Bom Deus.

O DEUS DA IDADE MÉDIA

— *Deus Pai ocupa então um lugar superior ao das duas outras pessoas da Trindade?*

— Aqui começamos a notar uma característica, a qual, repito, me parece fundamental, e constitui uma certa diferenciação — eu diria mesmo especialização — nas funções, entre as pessoas da Trindade. Aquele que preenche melhor a função de dominação, e em particular de dominação em estilo monárquico, é Deus Pai. Acabo de evocar as dificuldades relativas que os cristãos também tiveram para representar Deus sob uma forma antropomórfica. Eles se traem, se assim me posso exprimir, mostrando Deus num cenário e numa liturgia propriamente monárquicos e talvez mesmo imperiais. Não nos esqueçamos que o Deus dos cristãos compôs uma parte de seus traços durante o Império romano. E era o imperador que estava no ponto inicial do modelo terrestre de Deus. Os reis só vieram depois, a Idade Média tendo-lhes conferido um poder que os romanos, na transição da república ao império, sob Augusto, lhes tinham

A SOCIEDADE MEDIEVAL E DEUS

recusado. A personagem que melhor encarna o poder na Idade Média — um poder *sagrado* — é o rei. E para pôr em funcionamento essa dominação, o tema da majestade parece o mais propício aos cristãos da Idade Média, quer dizer, à Igreja, que em seguida faz com que tudo isso tenha repercussão sobre os fiéis. É um tema importantísssimo, mal conhecido, sobre o qual um historiador e um jurista, Jacques Chiffoleau e Yann Thomas, felizmente trabalham neste momento.[1] Os medievalistas vêm mantendo certa negligência, de um modo geral, quanto a esse fenômeno, e não têm dado maior importância ao fato de que o tema da majestade instalou-se poderosamente no sistema feudal, ao qual *a priori* parece estranho. Aqui, ainda, a Antigüidade volta a ser referência, porque na ideologia e na prática imperiais é que tudo começa. A *majestas* é a atribuição de um caráter sagrado ao cabeça da hierarquia política. Uma *lex de majestate* foi proclamada pelo imperador Augusto, que intro-

---

1. Ver Jacques Chiffoleau, artigo *"Majesté"* ["Majestade"], em Claude Gauvard, Alain de Libera e Michel Zink (dir.), *Dictionnaire du Moyen Âge*, Paris, PUF, 2002, p. 869-871.

duziu na ideologia e na prática políticas uma noção importantíssima, porque de natureza sagrada. A iconografia cristã reforçou essa idéia, que nela teve correspondência em uma atitude estereotipada de personagem sentada: majestosa. E essa representação de majestade será atribuída particularmente a Deus, num papel cuja importância não cessa de crescer na Idade Média, o de juiz. O juiz, dotado de um poder de decisão, conduz os debates, decide em uma assembléia, sentado, e portanto, nessa postura, revestido de majestade. Nessa atitude é que Deus Pai está mais freqüentemente representado na Idade Média. O Cristo, quer dizer, o Filho, também se beneficia dessa postura de majestade (ver encarte, fig. 1). Especialmente porque é ele que virá, no fim dos tempos, presidir o juízo final. O que entretanto me parece muito revelador, e muito próprio para mostrar a grande complexidade do monoteísmo cristão da Idade Média, é que a partir do século XI o Cristo será representado, invocado, considerado sob o aspecto da humildade e do sofrimento. Claro, desde os primórdios do cristianismo, a encarnação do Cristo

A SOCIEDADE MEDIEVAL E DEUS

é o fato fundamental; porém, por muito tempo, e ainda na Idade Média, o Cristo encarnado, o Cristo crucificado será principalmente o Cristo ressuscitado, o Cristo vencedor da morte, que herda uma capacidade de um certo número de divindades antigas, o triunfo sobre a morte. Ora, a partir do século XI, e sobretudo no século XIII e ainda mais no século XIV, o Cristo é antes de tudo o Cristo da Paixão, o Cristo do sofrimento (ver encarte fig. 2). Esse Cristo será o tema do *Ecce Homo*, que já lembramos. O Cristo do fim da Idade Média é portanto um Deus ambivalente: Ele é Deus na majestade do juízo final, e também o deus crucificado da Paixão.

— *Que relações a justiça dos homens mantém com esse juiz divino?*

— Os homens e as mulheres da Idade Média estavam persuadidos de que se Deus deixava às vezes Satã ou simplesmente a natureza depravada dos homens semear a desordem sobre a terra, também introduzia nesse momento medidas de ordem. As duas grandes virtudes cristãs, para os homens e mulheres da Idade Média, e que são antes de tudo atributos de Deus, são a justiça e a paz. Como representantes de Deus sobre a terra, os príncipes e mais particularmente os reis levarão a peito a necessidade de fazer reinar a justiça e a paz. O exemplo mais glorioso é o de São Luís, o grande justiceiro e o grande "pacificador".

Todavia, no domínio da justiça, a principal intervenção divina, na época da alta Idade Média, "foi o julgamento de Deus". Para obter a prova da culpabilidade ou da inocência de um acusado, este era submetido a provas. Podia ser, por exemplo, fazer com que o suspeito pegasse com as mãos um objeto de metal incandescente. Inocente, se o metal em fogo não o queimasse. Condenado, no caso contrário. Uma forma especialmente adaptada dos costumes dos guerreiros pagãos recém-convertidos foi o combate singular. Essa instituição deu lugar a um verdadeiro comércio. Os acusados, particularmente as mulheres, que quisessem provar sua inocência num combate singular contra seu acusador, podiam recorrer a campeões, na maioria das vezes mercenários que assim tinham a oportunidade de

A SOCIEDADE MEDIEVAL E DEUS

ganhar riqueza e notoriedade pondo-se vitoriosamente a serviço de acusados fisicamente muito frágeis. Deus dava a esses campeões a força que os fazia vencer se a causa que defendiam fosse justa. Esse tipo de justiça, que temos tendência a chamar de bárbaro, provocou pouco a pouco uma reação hostil dos homens e mulheres da Idade Média e sobretudo da Igreja. Desenvolveram-se instituições e métodos judiciários vistos como mais convincentes, mais "justos", e que manifestavam intervenções divinas mais refinadas no exercício da justiça terrestre. O julgamento de Deus tinha a simpatia, senão do povo, pelo menos de uma parte da aristocracia vulgar. Manteve-se, assim, por longo tempo. Só no início do século XIII a Igreja conseguiu condená-lo de maneira definitiva. Deus inspirava não poucas vezes à Igreja medieval intervenções contra os comportamentos e os costumes brutais da aristocracia guerreira. Se esses guerreiros freqüentemente apelavam para Deus, se o invocavam às vezes de modo solene, como o próprio Filipe Augusto no momento de travar a batalha de Bouvines (1214), tratava-se de outra missão, de outra virtude a cujo reinado sobre a terra Deus se consagrava: a paz. A mão de Deus foi vista no movimento de paz que, no decorrer do ano mil, a Igreja empreendeu e, parece, invocada pelas massas populares contra a anarquia e a brutalidade dos guerreiros que se empenhavam na construção do sistema que viria a ser o feudalismo. E, primeiros resultados importantes que levaram, senão a uma pacificação geral, pelo menos a uma multiplicação e a um prolongamento de períodos pacíficos (as tréguas), os regulamentos dessa natureza estabelecidos receberam o nome de paz de Deus. Essa invocação tornava a instituição sagrada, e sua violação, muito mais difícil. Lugar-tenente de Deus na terra, ou, melhor ainda, encarnação de Deus sobre a terra em sua função de *auctoritas* política, os príncipes e reis se substituíram a Deus e a trégua se tornou, no século XII, a paz do príncipe ou a paz do rei. Um dos primeiros poderosos a se manifestar calorosamente nesse papel foi o duque da Normandia. Desde o século XI, a paz do duque se impusera nos assuntos do ducado. E Guilherme, o

A SOCIEDADE MEDIEVAL E DEUS

Conquistador, tomou um enorme cuidado para justificar a expedição que terminou com a conquista da Inglaterra pelos normandos — e o motivo era o restabelecimento de uma paz violada pelo último rei anglo-saxão Haroldo. A batalha de Hastings, na qual Haroldo foi morto, tornou-se assim a manifestação excepcional e exemplar do duplo tipo de intervenção de Deus nos negócios terrestres. De um certo ponto de vista, é o tradicional julgamento de Deus, mas, de outro ponto de vista, era a realização dos novos princípios de uma justiça que levava à paz. Penso que essa dupla leitura deve orientar todos os decifradores do célebre bordado da rainha Matilde.* Na história terrestre, a mão e o espírito de Deus têm de ser vistos sempre com sutileza.

---

*Mulher de Guilherme, o Conquistador, Matilde (?-1083), nascida Mahaut, de Flandres, com ele se casou em 1053, quando Guilherme era apenas o duque da Normandia. A partir de 1066, Guilherme rei, tornou-se rainha da Inglaterra. Teve 11 filhos. Foi-lhe atribuído falsamente o célebre bordado conhecido como "tapeçaria de Bayeux", entretanto citado até hoje sob seu nome, como o faz o Autor, por ter ficado famoso assim. *(N. do T.)*

O DEUS DA IDADE MÉDIA

— *O poder político utilizava as representações de Deus para afirmar sua própria legitimidade?*

— Tomemos o caso dos reis do Antigo Testamento, os reis de Israel, freqüentemente representados, como se sabe, na arte romana e gótica, na fachada das grandes igrejas, das catedrais. O povo ingênuo os confunde com algumas imagens da história mais recente, não raro um tanto mitificada, mas também com personagens históricas verdadeiras, especialmente no caso de Carlos Magno. Uma pequena comédia do fim do século XIII mostra dois camponeses da região de Beauce que foram passar um dia em Paris e quiseram ver a catedral de Notre-Dame. Pararam diante da fachada, olharam as imagens de reis, e um disse ao outro em seu francês arrevezado: "Veja! Este é Pepino, aquele é Carlos Magno!" Os reis terrestres, os chefes da hierarquia política terrestre, são portanto identificados com os reis do Antigo Testamento num sistema quase divino, sagrado. O rei é a imagem de Deus: *Rex imago Dei.*

A SOCIEDADE MEDIEVAL E DEUS

— *Essa sacralização do poder político encontrou resistências?*

— Procurando bem, percebemos, verdadeiramente, que na Idade Média houve contestações à sacralização da monarquia e do poder feudal. Temos em particular indícios disso em documentos pouco estudados até o presente, e que se revelam apaixonantes, os *exempla*, essas historinhas de que os sacerdotes recheavam seus sermões. De modo geral, aliás, os sermões são uma fonte que agora começa a ser explorada e que se revela excepcional. Neles encontramos comentários da Bíblia, com numerosas referências, por exemplo, ao início do primeiro livro de Samuel, que os sermões explicavam assim: "É preciso desconfiar dos reis. Vejam o que a Bíblia põe na boca de Samuel. Dando reis à sociedade, Deus não lhe fez puramente um benefício. Samuel muito bem disse, muito bem disse aos judeus: quereis um rei, ele vos criará dissabores." É uma verdadeira corrente, muito crítica, e que tinha implicações políticas. Sem dúvida deve ser considerado do mesmo modo o caso dos hereges

O DEUS DA IDADE MÉDIA

de Orleãs, queimados em 1210 por Filipe Augusto, dos quais se diz que eram protegidos pelo herdeiro do trono, o futuro Luís VIII.

— *E a Igreja, como se inseria nesse dispositivo de resistência?*

— Na Idade Média, no sistema político feudal, como de um modo geral no conjunto da existência, a Igreja desempenha um papel essencial. É preciso ver isso de um nível econômico e social muito humilde, o do imposto, do pagamento de foros. A Igreja cobra dízimos e sustenta os senhores que cobram foros. E na vida do dia-a-dia, nos sermões, a Igreja afirma que o dízimo não é dado a ela, o que seria um tanto constrangedor, mas a Deus, ou, com mais rigor, a São Pedro. Por outro lado, os padres, os monges, explicam que pagar os foros aos senhores é fazer a vontade de Deus, porque Deus lhes confiou um poder de comando que corresponde a suas intenções. Nesse mundo feudal, penso que nada de importante se passa sem que seja relacionado a Deus. Deus é ao mesmo tempo

A SOCIEDADE MEDIEVAL E DEUS

o ponto mais alto e o fiador desse sistema. É o Senhor dos senhores. De tal modo que, em 1789, o fim espetacular do sistema feudal implicará um empreendimento conjunto de descristianização. O regime feudal e a Igreja eram de tal forma ligados que não era possível destruir um sem pelo menos abalar o outro.

4. Deus na cultura medieval

— A Igreja não só assumia a função "política" —
para simplificar — que o senhor acaba de descrever.
Também estava no coração da vida cotidiana dos
homens e das mulheres da Idade Média.

— Vimos aqui uma das características profundas da sociedade e da civilização medievais, que é uma tensão — prefiro usar esse termo a falar em dialética, porque ele me parece descrever melhor o que era pensado e vivido pelos homens da época — uma tensão, eu dizia, entre relações diretas e relações indiretas com Deus. Nesse domínio, evidentemente, a Igreja é ator fundamental. Por sua vontade de dominação e, de resto, seu sucesso, ela se esforça para funcionar de modo permanente como um intermediário obrigatório entre o homem e Deus. E ela chegou definitivamente a essa situação no curso do século XII, tão importante para a evolução do Ocidente cristão.

Os principais instrumentos da dominação da Igreja foram a consolidação da teologia e a prática dos sacramentos. O século XII é aquele em que se estabelecem firmemente os sete pecados capitais, os sete dons do Espírito Santo e os sete sacramentos. E como a Igreja é a única a distribuir os sacramentos, o homem não pode se salvar a não ser pela Igreja e graças à Igreja. Ao mesmo tempo, entre os clérigos, e também entre os leigos, existia uma forte aspiração a uma relação direta, individual, com Deus. Isso passava por formas de devoção que podiam se assemelhar de um indivíduo para outro, mas que no conjunto fundamentavam-se no caráter pessoal de cada um. Entre os clérigos, esse desejo era particularmente vivo numa parte da sociedade monástica. Os solitários eram adoradores, interlocutores individuais de Deus. Eremitas, anacoretas tinham relação direta com Deus e eram observados muito seriamente pela Igreja, que compelia os monges a viver em comunidade. Para a Igreja, a forma mais lícita, a melhor, de vida monástica era o cenobitismo, ou seja, a vida coletiva nos conventos. Uma prática difundida entre os clérigos mostra essa combinação, e freqüentemente esse conflito, entre as aspirações a uma devoção coletiva, e enquadrada pela Igreja, e uma devoção individual, sem intermediário. O exemplo disso quem nos dá, de qualquer modo dentro da tradição, é São Martinho. No fim do século IV, São Martinho se retira para um mosteiro e, diz a lenda, é forçado pelo grupo de cristãos de Tours a aceitar a função de bispo. Entretanto, conta seu biógrafo, Sulpício Severo, ao cabo de algum tempo, de um certo número de anos, ou, mais provavelmente, de meses, apenas — não havia calendário —, São Martinho começou a ficar com a impressão de que sua divina fé, seu ardor cristão perdia a densidade. Costumo usar uma metáfora um tanto vulgar, digo que o invadiu o sentimento de que suas baterias iam se descarregando... porque acredito que essa era, do ponto de vista espiritual, a sensação que o dominava. Então, em certo momento, depois de curta permanência na sé episcopal, retirou-se para seu mosteiro, na solidão. Esse comportamento reproduz bem a tensão pela qual passaram muitos homens da Idade Média, premidos entre as obrigações de um culto a Deus coletivo e enquadrado, e uma aspiração a relações pessoais com Deus. O problema — e esse problema surgia especialmente entre os clérigos — era o fato de que esse desejo de relação direta com Deus é uma das portas para a heresia. Reencontramos essa conduta, à semelhança de São Martinho, em São Francisco de Assis. O que o próprio Francisco praticava, e recomendava a seus irmãos, era intercalar períodos de apostolado entre os homens, em meio à vida da sociedade, com períodos de retiro. O santo de Assis deixou textos em que prescreve não um retiro individual, mas um retiro a dois, mantendo assim em seus eremitérios o hábito de os irmãos se deslocarem dois a dois. Existe na Idade Média um conflito entre o Deus venerado coletivamente e o que se revela ao homem sozinho — ou à mulher sozinha.

— *Existiam, a par dessa percepção pessoal, imediata e sensível, outros meios de conhecer Deus?*

— Existia também, pelo menos para uma minoria, a possibilidade e até a obrigação de um conhecimento mais erudito de Deus. Nesse ponto, o cristianismo bizantino sem dúvida deu o exemplo, porque a ciência de Deus lá se aprofundou muito cedo. No Ocidente, a especialização de um saber concernente a Deus foi tardia. O termo teologia aparece no século XII, com Abelardo. E apenas no século XIII, no quadro universitário, como mostrou muito bem o padre Marie-Dominique Chenu em seu belo livro, a teologia se tornou uma ciência, segundo o critério da Idade Média na qual é "científico" aquilo que se ensina nas universidades. Ora, havia nas universidades uma faculdade superior, chegando a dominar as outras, a de teologia. Esse predomínio de uma teologia universitária tinha Paris por capital. Em outros lugares, o que freqüentemente predominava era uma faculdade de propedêutica, chamada faculdade das artes, gravitando em torno de duas faculdades especializadas,

O DEUS DA IDADE MÉDIA

a de direito, cujo grande centro era Bolonha, e menos comumente a de medicina. A ciência de Deus, a teologia, torna-se, com toda a propriedade, uma ciência reconhecida no quadro formador da escolástica. E, como conseqüência, a ciência de Deus se vale da razão. Nada a estranhar, quando se sabe que ela é fortemente marcada pelo movimento mais espetacular do pensamento no ensino universitário do século XIII, a invasão de Aristóteles. O filósofo grego que, sendo pagão, crê na existência de um deus, de um deus intelectual, é um excelente caminho para a elaboração de uma teologia cristã. Nesse quadro, Deus é o ponto mais alto, a fonte e o fim, simultaneamente, de um grande esforço intelectual. Anselmo de Cantuária (c. de 1033-c. de 1109) formulou a definição clássica da fé como aspiração a Deus pela inteligência, *fides quaerens intellectum*.

Essa teologia de característica racional, fortemente marcada por Aristóteles, também é confrontada com outra grande influência intelectual do século XIII, a do comentador árabe Averroés. Averroés racionaliza Deus e, em particular, interroga-se sobre a existência de uma dupla verdade. Parte da constatação de que a verdade à qual se chega pelos procedimentos puramente humanos e racionais e a verdade ensinada pela fé e a religião — termo que não existe na Idade Média e só aparecerá no século XVIII, mas que designa um conjunto de práticas — podem entrar em conflito. E uma vez que a Igreja afirma que, nesse caso, a verdade religiosa é que é a verdadeira, Averroés teria afirmado, segundo seus adversários, que é possível haver então a existência de duas verdades. O que Averroés faz é buscar resolver essa contradição respeitando o primado da verdade religiosa. Não é menos importante lembrar que, no meado do século XIII, a suposta teoria da dupla verdade parece suficientemente perigosa ao bispo de Paris, Étiennne Tempier, a ponto de levá-lo a condenar em 1270, depois em 1277, duas listas de erros professados segundo ele na Universidade de Paris, cujo ensino precisava ser suspenso de modo absoluto. E a maioria desses erros era de natureza averroísta. A partir do fim do século XIII, esse movimento, basicamente universitário no início, vai se expandir ampla-

a de direito, cujo grande centro era Bolonha, e menos comumente a de medicina. A ciência de Deus, a teologia, torna-se, com toda a propriedade, uma ciência reconhecida no quadro formador da escolástica. E, como conseqüência, a ciência de Deus se vale da razão. Nada a estranhar, quando se sabe que ela é fortemente marcada pelo movimento mais espetacular do pensamento no ensino universitário do século XIII, a invasão de Aristóteles. O filósofo grego que, sendo pagão, crê na existência de um deus, de um deus intelectual, é um excelente caminho para a elaboração de uma teologia cristã. Nesse quadro, Deus é o ponto mais alto, a fonte e o fim, simultaneamente, de um grande esforço intelectual. Anselmo de Cantuária (c. de 1033-c. de 1109) formulou a definição clássica da fé como aspiração a Deus pela inteligência, *fides quaerens intellectum*.

Essa teologia de característica racional, fortemente marcada por Aristóteles, também é confrontada com outra grande influência intelectual do século XIII, a do comentador árabe Averroés. Averroés racionaliza Deus e, em particular, inter-

DEUS NA CULTURA MEDIEVAL

roga-se sobre a existência de uma dupla verdade. Parte da constatação de que a verdade à qual se chega pelos procedimentos puramente humanos e racionais e a verdade ensinada pela fé e a religião — termo que não existe na Idade Média e só aparecerá no século XVIII, mas que designa um conjunto de práticas — podem entrar em conflito. E uma vez que a Igreja afirma que, nesse caso, a verdade religiosa é que é a verdadeira, Averroés teria afirmado, segundo seus adversários, que é possível haver então a existência de duas verdades. O que Averroés faz é buscar resolver essa contradição respeitando o primado da verdade religiosa. Não é menos importante lembrar que, no meado do século XIII, a suposta teoria da dupla verdade parece suficientemente perigosa ao bispo de Paris, Étiennne Tempier, a ponto de levá-lo a condenar em 1270, depois em 1277, duas listas de erros professados segundo ele na Universidade de Paris, cujo ensino precisava ser suspenso de modo absoluto. E a maioria desses erros era de natureza averroísta. A partir do fim do século XIII, esse movimento, basicamente universitário no início, vai se expandir amplamente pela sociedade. A razão, mais ou menos desacreditada, procedendo de Averroés, é deixada por trás da cortina. Esse movimento coincide com uma fortíssima corrente mística e gera uma nova ciência de Deus, muito mais instintiva e sensível, como a da escola renana, cujo grande teólogo é Johannes Eckhart, conhecido como Mestre Eckhart. Paralelamente se expande um misticismo que já existira no mundo beneditino e, no século XII, produzira uma figura muito original, a de Hildegarda de Bingen. Mas esse misticismo se desenvolve sobretudo a partir do século XIII e produzirá, no século XIV, monjas que pretenderão introduzir Deus nos governos da sociedade cristã e nisso que hoje chamamos de política. As pregadoras desse Deus politizado foram essencialmente Brígida da Suécia e Catarina de Sena.

— *Que lugar cabia à Bíblia nessa reflexão teológica?*

— O Deus dos teólogos da Idade Média era seguramente o Deus da Bíblia. Sua parte propriamente cristã, o Novo Testamento, introduzia Jesus, o filho de Deus. O Deus cristão do monoteísmo vinha do Antigo Testamento, mas era muito diferente do Deus dos judeus. Aliás, os cristãos deixaram de usar o nome de Javé.

Em face da Bíblia, o cristianismo tem de particular o fato de que não é uma religião da repetição, do saber perfeito. Muito cedo apareceram comentários às Escrituras. A teologia escolástica saiu dos comentários à Bíblia. O nome da ciência de Deus, antes que aparecesse a palavra "teologia", mostra uma ligação estreita entre as Escrituras e a teologia: é a *sacra pagina*, exercício que é uma das características fundamentais das sociedades cristãs — sociedades que não se restringem a uma leitura pura e simples dos textos sagrados, mas partem para uma interpretação que é uma evolução. Com essa intermediação da exegese, o Deus dos cristãos da Idade Média torna-se um deus histórico, um deus cuja visão evolui e se altera no curso do tempo. Surge uma tensão nessa "leitura" da Bíblia, tensão entre uma leitura literal do texto sagrado e uma leitura interpretativa que combinava um sentido alegórico, um sentido histó-

O DEUS DA IDADE MÉDIA

rico e um sentido anagógico (a anagogia refere-se aos dados do texto bíblico verificados nos tempos, quer dizer, uma visão escatológica). A exegesse bíblica medieval busca definir "os quatro sentidos da Escritura", aos quais o cardeal de Lubac consagrou um belíssimo livro: a tensão principal dá-se entre o sentido literal e os outros.[1] É notável que a exegese cristã ocidental tenha conseguido manter essa tensão e ao mesmo tempo fazer uma história de Deus, uma narrativa de Deus, um sentido de Deus, e uma demonstração da ação divina no universo e no homem que pode evoluir com o passar dos tempos. Assim, o Deus dos cristãos da Idade Média era eterno, mas não imóvel.

— *É principalmente nisso que ele difere do Deus dos judeus?*

— O afastamento entre Javé e o Deus dos cristãos foi progressivo. A passagem da *sacra pagina*

---

1. Henri de Lubac, *Exégèse médiévale. Les quatre sens de l'Écriture*, Paris, Éditions du Cerf, 4 vol., 1959-1964.

para a teologia, sobretudo no século XII, mas também no século XIII, foi motivo de encontros e discussões entre doutores cristãos e rabinos. Nesse período, um diálogo pacífico e frutuoso ainda pôde se desenvolver a respeito do Deus dos judeus e do Deus dos cristãos; mas a história não caminhou nesse sentido. O diálogo inter-religioso no século XX é um mirrado herdeiro desse encontro efêmero. O Deus dos judeus tornou-se cada vez mais para os cristãos não o Javé do Antigo Testamento, mas o Deus do Talmude. E o conflito se concentrou mais sobre a Virgem do que sobre o próprio Deus, porque alguns Talmudes apresentaram a Virgem não apenas sob uma luz puramente humana, mas de modo injurioso, quase como uma prostituta. A reação dos cristãos piedosos foi viva. São Luís e Branca de Castela organizaram por duas vezes um julgamento do Talmude e o queimaram publicamente. Assim, o Deus dos judeus subiu à fogueira.

O DEUS DA IDADE MÉDIA

— *Ao lado da consolidação da teologia, o senhor mencionou os sacramentos como o outro instrumento de dominação da Igreja.*

— Era muito difícil, insisto neste ponto, para os homens e as mulheres da Idade Média ter um contato direto com Deus, isto é, um contato sem a mediação da Igreja. Portanto, através dela é que muitos cristãos e cristãs da Idade Média buscaram um acesso a Deus que sentissem como contato verdadeiro e individual. A Igreja, para satisfazer a essa aspiração sem renunciar a seus privilégios e à sua dominação, fez com que evoluísse o sistema dos sacramentos, sistema que tinha a vantagem de tornar sua intervenção obrigatória, preparando uma relação direta da pessoa batizada com Deus. Antes de ser uma chave de salvação, o batismo era um credenciamento junto de Deus. E a instituição da confissão auricular anual, em 1215, assegurou e aprofundou, através do confessor, o contato direto entre o penitente e Deus. Além disso, um exercício espiritual garantia um equilíbrio entre as relações diretas e as relações indiretas do homem da Idade

DEUS NA CULTURA MEDIEVAL

Média com Deus. É a oração. Exercício essencial.
As mais antigas representações de cristãos são as
de homens rezando. A oração tem um lugar essencial nas regras monásticas e na liturgia cristã. E Deus
teve um lugar predominante na oração. Uma oração
teve uma importância tão grande que foi integrada
à liturgia da missa: o *Pater Noster*. A promoção da
Virgem quase como quarta pessoa da Trindade foi
sancionada pela promoção da *Ave Maria*. O culto
do Espírito Santo se exprime pelo cântico *Veni
Creator* ["Vem, (Espírito) Criador"], aparecido no
meado do século IX, difundido no século XI e ins-
taurado através de sua recitação em acontecimentos excepcionais: eleições dos papas, consagração
dos bispos, ordenação dos padres, consagração das
igrejas, celebração dos concílios, coroamento dos
reis, mas também em manifestações mais comuns
e mesmo ordinárias, como a crisma ou confirma-
ção, esse sacramento cuja importância percebemos
mal, hoje, mas que, na Idade Média, era o mais
importante, depois do batismo. Entretanto, o desejo de um contato direto com Deus não foi senão
parcialmente satisfeito pela oração, que a Igreja

O DEUS DA IDADE MÉDIA

também controlou, oferecendo modelos aos fiéis. Até São Domingos redigiu um tratado ilustrado mostrando a seqüência dos gestos ortodoxos da oração. Outro meio utilizado pela Igreja para manter sua situação privilegiada entre Deus e o fiel foi, durante muito tempo, fazer com que se falasse latim com Deus. Quando os valdenses,* no fim do século XII, quiseram ler a Bíblia numa tradução em língua vernácula [o francês que nascia], foram condenados, ainda que suas crenças e suas práticas fossem, no conjunto, muito ortodoxas. Com efeito, os cristãos e as cristãs da Idade Média parecem ter sofrido de certo modo uma frustração no seu relacionamento com Deus, e é provável que esse sentimento de frustração tenha sido uma das condições favoráveis ao nascimento da Reforma, na qual muitos pensaram achar um acesso mais autêntico e mais direto a Deus.

---

*Membros da seita valdense, criada por Pedro Valdo (em francês, Pierre Valdo, 1140-1217). Também ficaram conhecidos como os "pobres de Lyon". *(N. do T.)*

— *Em que se baseava a crença desses homens e dessas mulheres?*

— Na fé. Os textos, as manifestações artísticas da Idade Média estão profundamente impregnadas da afirmação de fé. Só que a definição de fé, dos teólogos ao simples fiel, era difícil. O Deus da Idade Média permanecia um Deus misterioso. São Luís interroga os membros de seu círculo íntimo sobre sua crença, sobre a natureza de sua fé. E nem o rei nem seus amigos chegaram a ser precisos. Junto com a fé, mais claras, mais decisivas, estavam as manifestações terrestres de Deus. Os homens e as mulheres da Idade Média perscrutaram atentamente todos os sinais, desde os sinais naturais, entre os quais os cometas eram os mais importantes, até os mínimos acontecimentos extraordinários, ou antes excepcionais. Os milagres constituíram para os homens e mulheres da Idade Média um tipo de sinal, uma categoria de acontecimento que manifesta a existência de Deus mais do que tudo aquilo que os teólogos se esforçavam para pôr em sua cabeça sem grande sucesso. O milagre é o benefício

O DEUS DA IDADE MÉDIA

extraordinário que um homem (ou uma mulher) recebe de Deus. Deus tem o monopólio do milagre. Certamente, em geral Ele recorre a homens que lhe são particularmente ligados e devotados para completar esse milagre: os santos. O Deus da Idade Média é um grande fazedor de milagres.

— Contrariamente às idéias imaginadas hoje, a Igreja sempre teve uma certa dificuldade para admitir os milagres, a não ser aqueles feitos por Deus ou por Jesus na Bíblia.

— A crença nos milagres provocou algumas dificuldades, sobretudo entre as pessoas instruídas, quando se desenvolveram, essencialmente no século XIII, aqui ainda um século de transição, de um lado uma noção cristã da natureza e, de outro, uma recorrência maior aos argumentos da razão. Nos primeiros séculos do cristianismo, o Deus cristão tinha reposto a natureza em seu lugar. Ela era sua criação e sua criatura, e era dessacralizada. Não estava mais povoada de deuses, não era mais em si mesma todo-poderosa. Nos séculos XI e XII, as

DEUS NA CULTURA MEDIEVAL

relações dessa natureza cristã com Deus tornaram-se precisas. Deus conservava seu poder de ir, através do milagre, contra as leis da natureza. Deus dera à natureza exatamente suas leis. Tinha tirado o mundo do caos e a natureza era um dos grandes princípios de ordem e de regularidade que Ele tinha dado ao universo. Dando essas leis à natureza, Ele próprio se ligara a ela, devia ser o primeiro a respeitá-las. Concretamente, a solução foi que Deus não executou milagres mudando as leis da natureza. Limitou-se a manifestar seu poder sobre ela "a tempo e a hora". Os milagres são intervenções que surgem no momento exato e a colaboração dos santos para que se realizem dá-lhes um certo caráter humano. Por outro lado, o número de milagres diminuía. Pedro, o Venerável,* constatou-o na pri-

---

*Espírito aberto à compreensão e ao diálogo, Pedro, o Venerável (1092-1156, já citado, na primeira parte do livro), que foi abade de Cluny, opôs-se a São Bernardo de Claraval, espírito duro que perseguiu o teólogo Abelardo, citado pelo Autor, *supra*, como introdutor da palavra "teologia". Pedro, o Venerável, acolheu Abelardo depois que o concílio de Sens o condenou. Também foi sempre contrário às Cruzadas, outro ponto que o opunha a Bernardo. Para combater os árabes, Pedro propunha o terreno das idéias e para isso, grande erudito e espírito universal que era, traduziu o Alcorão. *(N. do T.)*

O DEUS DA IDADE MÉDIA

meira metade do século XII e atribuiu essa restrição divina aos pecados dos homens. A multiplicação desenfreada das relíquias, produtoras de fervor e de riqueza, suscitou uma das principais formas de crítica "racional" na Idade Média. A Igreja também queria pôr um fim ao comércio das relíquias (um exemplo espetacular desse comércio foi a compra, a preço de ouro, por São Luís, da coroa de espinhos de Jesus, mantida como penhor pelos comerciantes de Veneza, credores do imperador de Constantinopla, dono dela) bem como ao roubo delas, delito sagrado que Patrick Geary estudou com proficiência.[2] O abade beneditino Guibert de Nogent (c. de 1055-c. de 1124) escreveu, entre 1116 e 1119, um tratado sobre a distinção a estabelecer entre as verdadeiras e as falsas relíquias (*De sanctis et eorum pignoribus*) ["Sobre os santos e os penhores deles"]. O mais interessante, sem dúvida, é que a Igreja realizou uma ordenação do domínio do milagroso, que tinha proliferado na desordem. No prólogo de seus

---

2. Patrick Geary, *Le vol des reliques au Moyen Âge* ["O roubo das relíquias na Idade Média"], Paris, Aubier, 1993.

Otia imperialia ["Os ócios imperiais"], no comecinho do século XIII (por volta de 1214), Gervais de Tilbury distingue, em matéria de sobrenatural, três tipos de fenômenos extraordinários. Diante do milagre divino, permanece o binômio Deus-Satã, do bem e do mal, esse mal — lembremos — sendo tolerado por Deus para castigo ou como advertência aos homens. Aparece, porém, uma noção nova, o mágico. Continuando seu trabalho de neutralizar racionalmente as manifestações pagãs, a Igreja reagrupa sob a direção de Satã isso a que hoje chamaríamos superstições, em particular no meio rural. O mais novo e o mais importante é, entretanto, que nesse século em que muito freqüentemente as oposições binárias dão lugar a novos sistemas ternários, a Igreja introduz a categoria do maravilhoso. Esse maravilhoso foi o raro, o excepcional, o extravagante, que parecia um milagre mas que, observado de mais perto, nessa época em que se formavam certos métodos de análise que somos tentados a chamar de científicos, na verdade pertencia à realidade natural. Nasceu assim uma categoria destina-

O DEUS DA IDADE MÉDIA

da a ter um belo futuro: as maravilhas da natureza, maravilhas que de um lado limitavam a onipotência divina em sua produção de milagres, mas que por outro lado testemunhavam a criatividade, eu ia dizer a imaginação, de Deus na gênese da natureza. Os *Otia imperialia* (numa tradução livre, *Diversões para um imperador*), compostos por Óton IV,* não são muito conhecidos e entretanto tiveram grande sucesso, assim como a *Expugnatio Hibernica* ["A tomada de Hibérnia", nome latino da Irlanda] e as *Maravilhas da Irlanda*, do galês Gerald Barri (1146-1223). São coletâneas das maravilhas naturais, que fornecem importantes documentos aos etnólogos.

---

* Imperador germânico de 1209 a 1218, descendente direto de Óton I, o Grande, primeiro imperador (de 962 a 973) do Sacro Império Romando-Germânico. Óton IV, também chamado Óton de Brunswick, foi derrotado por Filipe Augusto (avô de São Luís) na batalha de Bouvines (1214). Em rigor, manteve seu poder apenas sobre o pequenino estado de Brunswick. Atenção para o fato de que o título de sua obra é o mesmo da obra de Gervais de Tilbury, citada na página anterior, no mesmo parágrafo. *(N. do T.)*

— O *Homem ainda tinha lugar numa sociedade a tal ponto impregnada de Deus?*

— Fora dessas ligações entre a estrutura e o funcionamento da sociedade e Deus, surge um outro aspecto evidentemente interessante do papel de Deus na sociedade medieval: "Como o Homem se define diante de Deus?" Claro, devemos procurar, como sempre, na Bíblia, no Livro, as origens, senão cronológicas, pelo menos ideológicas desse problema e notar de que maneira essas referências evoluíram no curso da história. Assim, na Bíblia, o homem aparece no Gênesis. Na primeira imagem, o homem é a criação paternal de Deus. Esse Deus do Gênesis fica satisfeito com sua obra, fica satisfeito com sua criação. Está, num primeiro momento, satisfeito também com o homem. Quer prodigalizá-lo com todos os favores possíveis e, nessa matéria de favor, faz-lhe logo dois: primeiro, não quer deixá-lo sozinho, e lhe dará uma companheira que tirará de seu corpo; em seguida, vai associar o homem à sua criação. E deixará a ele a incumbência de dar nomes aos animais. Ora, dar um nome, nomear, é um modo de criar; é portanto uma segunda criação, de qualquer maneira um complemento de criação, uma associação com a sua criação; além disso, põe o homem num jardim, lugar de prazer lícito antes da queda. Existe, nas sociedades orientais, uma imagem quase sensual do jardim. O jardim é o teatro de uma atividade feliz, agradável, uma vez que Deus lá pôs o homem para que ele trabalhe o jardim, *ut operaretur eum*. A primeira criação do trabalho é a de um trabalho positivo, próximo da criação, ou, de todo modo, disso que Nietzsche chamou de liberdade da "criança que brinca". Há no Gênesis o valor ambivalente conferido por Deus ao trabalho, atividade positiva criada pelo "Bom" Deus antes da queda, atividade penosa, ainda que redentora, imposta depois da queda pelo Deus que castiga. Essa ambivalência do trabalho funcionou de modo muito importante nas relações entre Deus e o homem na Idade Média.

Principalmente, Deus criou o homem à sua imagem. Eis a primeira imagem de Deus no mundo e na história. E, puft!, o inimigo do gênero humano, que já existe sob a forma de uma serpente, uma serpente que sabe falar com as mulheres, convence Eva e Adão a ferir, a estragar o plano de Deus. Em particular no domínio essencial para Deus, que é o do saber. Porque se Deus fez o homem à sua semelhança, à sua imagem, é certo que deixou uma distância entre ele e o homem, e essa distância se marca essencialmente no domínio do saber. Ele, Deus, é onisciente. O homem só tem um saber restrito, importante, sim, mas concedido por Deus. O homem, então, come o fruto da árvore do saber na esperança de se tornar tão sábio quanto Deus. É o pecado, e depois de ter dado a imagem de um homem à imagem de Deus, a Bíblia dá logo em seguida a imagem de um homem que se frustra a si mesmo, um homem pecador. O Antigo Testamento insiste sobretudo na imagem do homem pecador. Creio que, se nos situarmos, como propus, em uma longa duração histórica, veremos que só no coração da Idade Média é que a primeira imagem do homem se sobressai e se impõe, precisamente do homem à imagem de Deus. É possível até datar esse momento,

O DEUS DA IDADE MÉDIA

foi no século XIII. Antes — e, afinal, assim continuará — o cristianismo impôs a imagem do homem que se perdeu. A imagem do homem imposta pelo Antigo Testamento é a de Jó. Quer dizer, a imagem do homem humilhado por Deus, voltado para a sua insignificância, a sua fraqueza e os seus pecados. E que não se salva a não ser por sua resignação, por sua obediência, e pela misericórdia de Deus. O homem Jó, reanimado pelo estudo *Moralia in Job*, comentário do livro veterotestamentário sobre Jó do papa Gregório Magno (c. de 540-604), apaga-se lentamente, mas não completamente durante a Idade Média. A imagem do homem, mas também do Cristo e da Igreja em tempo de provação, tem Jó por objeto num comentário, entre outros, de Pierre de Poitiers (morto em 1204), *Compendium in Job*, e em um de Tomás de Aquino, que faz uma interpretação literal do livro do Antigo Testamento: *Expositio super Job ad litteram* ["Exposição sobre Jó ao pé da letra"].

DEUS NA CULTURA MEDIEVAL

— É então possível falar de um humanismo medieval?

— A imagem do homem, tal como se apresenta, claro que com diferenças, nuanças, nos princípios do cristianismo e nos Padres da Igreja, sofreu na Idade Média duas profundas novidades e mutações. De um lado, o homem é objeto de uma promessa de salvação, quer dizer, de um retorno a Deus. É a doutrina do *reditus*, do retorno, tão importante em Tomás de Aquino. E o homem se torna de certa maneira o centro do mundo, criado por Deus e prometido à salvação. De outro lado, o homem em si mesmo não é fonte de nenhum valor. Todos os valores vêm de Deus. E só pela obediência e pelo amor a Deus o homem fará seu destino crescer num sentido positivo e será salvo. Se definirmos o humanismo, como tenho tendência a fazê-lo, a um tempo como imagem do homem no Livro e também como o conhecimento teórico do homem, o homem da Antigüidade tardia à Idade Média é o objeto de um humanismo ambivalente. Também estaremos diante de uma ambivalência se

O DEUS DA IDADE MÉDIA

dermos à humanidade o sentido restrito de fidelidade ao pensamento e ao saber antigos. O homem cristão medieval é o produto de uma violenta rejeição dessa ideologia antiga definida e condenada sob o nome de *pagãos*. Ao mesmo tempo, desde o início o cristianismo adota, cristianiza uma parte do pensamento antigo e, melhor ainda, uma parte das técnicas intelectuais, dos métodos de saber da Antigüidade, por uma leitura cristã que é uma das atividades essenciais da conversão dos homens e das mulheres ao cristianismo. Cite-se especialmente a introdução no ensino cristão dos métodos do ensino antigo e da concepção das *Artes liberais*. E o clérigo da Idade Média, que transmitirá essa idéia ao simples fiel, está persuadido de que a humanidade, tendo chegado à última das idades da vida e não cessando de declinar, não manterá e nem mesmo reconquistará uma parte de seus valores a não ser que reencontre uma parte do saber humano da Antigüidade. Assim, é possível falar de humanismo medieval, humanismo que combina os dois sentidos: valor do homem na criação e cultura da civilização antiga.

DEUS NA CULTURA MEDIEVAL

A humanidade medieval será submetida então a uma série de renascimentos, como o renascimento carolíngio e o otoniano,* mas seu momento essencial será o século XII. O humanismo do século XII, que reivindica aquilo que se chamou de um socratismo cristão, quer dizer, um comportamento que caminha num sentido de conformar-se à palavra de ordem de Sócrates — "Conhece-te a ti mesmo" — valorizou o homem cristão sob formas muito diversas, com os dois grandes inimigos que foram Abelardo e São Bernardo nas duas extremidades do período. Mas limitá-lo a essa versão seria reduzir gravemente e empobrecer o termo humanismo. Inversamente, é necessário olhar o passado medieval com atenção cuidadosa para não cair na tendência contemporânea de falar em humanismo a torto e a direito e desacreditar essa palavra. Contentar-me-ei em indicar que, depois do século XII, é possível falar dos avatares de um humanismo que

---

*É termo empregado geralmente pelos historiadores de arte como referência ao período de cem anos que medeia entre 950 e 1050, pouco mais ou menos, é claro. O nome é referência a Óton I, o Grande (912-973), primeiro imperador do Sacro Império. *(N. do T.)*

O DEUS DA IDADE MÉDIA

repousará sempre sobre a relação entre o homem e Deus. Uma virada aparece desde o início do século XIII, com São Francisco de Assis. A imagem do Cristo se impõe mais e mais, dá-se um acontecimento inaudito: pela primeira vez um homem recebe os estigmas de Cristo. E o humanismo do fim da Idade Média é marcado por um tema cada vez mais insistente: uma imitação de Jesus Cristo.

Conclusão

O grande acontecimento da Antigüidade tardia, do ponto de vista do dogma religioso, foi a substituição do politeísmo pagão pelo monoteísmo. Só existe um Deus, ainda que, como espero ter demonstrado, do ponto de vista da crença, do ponto de vista das atitudes concretas a respeito de Deus, algumas distinções sejam perceptíveis entre as pessoas da Trindade — sem contar uma promoção da Virgem Maria.

Como se constitui, entretanto, o mundo divino onde vive, se não é ousada a expressão, o Deus dos cristãos da Idade Média? A paisagem religiosa do

O DEUS DA IDADE MÉDIA

Ocidente e do Oriente Próximo* modificou-se espetacularmente a partir do fim do Império romano. Ao mesmo tempo, fragmentou-se e se recompôs: cristianismo romano na Europa ocidental e central, cristianismo ortodoxo grego em Bizâncio e na Europa oriental, islam** do Irã à Espanha, e, claro, o judaísmo dos judeus da Diáspora. Essa transformação é o triunfo do monoteísmo. E de um mo-

*É como os franceses tratam a região que a imprensa brasileira chama de Oriente Médio. Prefiro manter, na tradução, a terminologia francesa, por considerá-la geograficamente mais acertada. *(N. do T.)*

**A grafia *islã*, habitualmente usada no Brasil (e não só pela imprensa), contraria todo e qualquer princípio da boa transcrição fonética. Na realidade, a palavra em sua origem tem praticamente três sílabas, is-la-me. Não é necessário, porém, chegar ao extremo da grafia islame. Qualquer neófito em matéria de fonética não ignora que, em islam, o *m* final não funciona como uma simples nasalização da vogal anterior (caso do *n*), mas verdadeiramente como um novo fonema. Mestre Said Ali lembrava, por exemplo, em *Dificuldades da Língua Portuguesa*, que no nome Amsterdam a sílaba final (*dam*) se pronuncia praticamente como a palavra francesa "dame", o que condena a grafia *Amsterdã*, aportuguesamento equivocado. Islam é rigorosamente o mesmo caso, e *islã*, portanto, é grafia vitanda. Vietnam entra nessa lista. E encerremos com a palavra do crítico literário Wilson Martins: "Quem escreve *islã* tem de escrever *islaísmo*", ou "islanismo", acrescento eu. Em hipótese alguma poderiam, os que usam a grafia *islã*, escrever islamismo. Seria — como é — grave incoerência. *(N. do T.)*

CONCLUSÃO

noteísmo que tem a mesma origem. Mas, se todos esses filhos de Abraão têm raízes comuns, e se os muçulmanos reconhecem uma filiação com os judeus e com os cristãos, o Deus dos cristãos ignora Alá e mantém relações complexas com Javé. Um sentido do curioso parentesco entre o seu Deus e o dos judeus se mantém entre os cristãos da Idade Média, ainda que se forme uma hostilidade em relação aos judeus, ainda que haja um afastamento crescente dos dois ramos daquilo que pôde ser chamado judeu-cristianismo, e ainda que se desenvolva entre os cristãos a acusação de deicida contra os judeus (por causa da crucificação de Jesus que lhes é imputada, a eles e nãos aos romanos). Os cristãos não perdiam a consciência de ter em comum com os judeus a primeira parte, a mais antiga, das Sagradas Escrituras, esse Antigo Testamento dominado por Javé. Durante longo tempo, que nem sequer se restringe à Idade Média, o cristianismo guardará essa referência ao Antigo Testamento. Sabem, além disso, esses cristãos da Idade Média, que Jesus era judeu e que essa pessoa essencial de seu Deus

O DEUS DA IDADE MÉDIA

se encarnara em um judeu. Essa dificuldade para afastar definitivamente o Deus cristão do Javé judeu pesou durante muito tempo sobre os cristãos da Idade Média e sobre a imagem que eles tinham de Deus. Com toda a certeza, Javé só pode ser confundido com o Deus Pai. Deixa, portanto, um amplo lugar a isso que eu chamaria de enriquecimento do Deus cristão pela encarnação. Nessa necessidade de ultrapassar a imagem de Javé, parece-me que os cristãos da Idade Média tiveram a tendência de identificar Javé com a imagem mais arcaica de Deus. É o Deus da cólera que era o mais marcado por essa história antiga de Deus que Javé representava, enquanto, durante a Idade Média, a imagem do Deus dos cristãos se orientava em duas direções diferentes: de um lado o protetor, o que logo seria chamado o Bom Deus e que aparecia também na escultura gótica como um Belo Deus, enquanto o Deus judeu não tinha rosto, e de outro lado o Deus sofredor, o Deus da Paixão.

E, à medida que se desenvolvia um antijudaísmo que se tornaria no século XIX o anti-semitismo

CONCLUSÃO

racista e político, o Deus dos judeus era rejeitado
pouco a pouco, pelos cristãos da Idade Média, junto
com os falsos deuses, entre os quais incluiu-se, de
saída, o Deus tão desconhecido dos muçulmanos.

Bibliografia

BOESPFLUG, François. *Dieu dans l'art*. Paris: Éd. du Cerf, 1984.

BOULNOIS, Olivier. Verbete "Dieu (Connaissance de)". Em Claude Gauvard, Alain de Libera, Michel Zink (dir.), *Dictionnaire du Moyen Âge*. Paris: PUF, 2002, p. 416-418 (e François Boespflug para a iconografia, p. 465-466).

GOSSMANN, Elisabeth. *Foi et connaissance de Dieu au Moyen Âge*. Paris: Éd. du Cerf, 1974 (tradução do alemão *Glaube und Gotteserkenntnis im Mittelater*, 1971).

PELLEGRIN, Marie-Frédérique (textos escolhidos e apresentados por). *Dieu*. Paris: Garnier-Flammarion, 2003 (com textos de Anselmo de Cantuária sobre "a prova ontológica", de Tomás de Aquino sobre "as cinco provas da existência de Deus" e de Nicolas de Cues sobre "o Deus infinito", assim como de Avicena, de Maimônides e de Averroés).

RENAULT, Laurence. *Dieu et les créatures selon saint Thomas d'Aquin*. Paris: PUF, 1995.

RUBIN, Miri. *Corpus Christi. The Eucharist in Late Medieval Culture.* Cambridge, 1991.

RUSSO, Daniel, "Le Christ entre Dieu et homme dans l'art du Moyen Âge (IX –XV siècle). Essai d'interprétation iconographique". Em Jacques Le Goff e Guy Lobrichon (dir.). *Le Moyen Âge aujourd'hui. Trois regards contemporains sur le Moyen Âge: histoire, théologie, cinéma* (Actes de la rencontre de Cerisy-la-Salle, juillet, 1991). Paris, Cahiers du Léopard d'Or, 7, 1997, p. 247-279.

SCHMITT, Jean-Claude. Artigo "Dieu", em Jacques Le Goff e Jean-Claude Schmitt (dir.). *Dictionnaire raisonné de l'Occident médiéval.* Paris: Fayard, 1999, p. 273-289.

VAUCHEZ, André. "L'idée de Dieu". Em Jean Favier (dir.). *La France médiévale.* Paris: Fayard, 1983, p. 467-487.

VUILLEMIN, Jules. *Le Dieu d'Anselme et les apparences de la raison.* Paris: Aubier, 1971.

*O texto deste livro foi composto em Sabon,
desenho tipográfico de Jan Tschichold de 1964
baseado nos estudos de Claude Garamond e
Jacques Sabon no século XVI, em corpo 12/17,5.
Para títulos e destaques, foi utilizada a tipografia
Frutiger, desenhada por Adrian Frutiger em 1975.*

*A impressão se deu sobre papel off-white
na Gráfica Plena Print.*